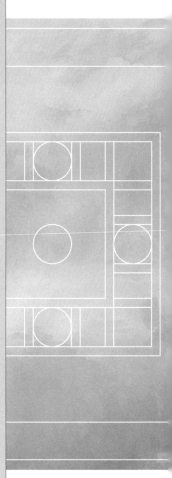

インド後期密教 下

般若・母タントラ系の密教

松長有慶 編著

春秋社

1　母タントラでは重要な役割を演ずるダーキニー　チベット／北村コレクション

2　明妃ナイラートマー（無我女）を抱いて踊るヘーヴァジュラ。周囲には
ヨーギニーたちが描かれている　チベット／国立民族学博物館蔵

3　ヘーヴァジュラ九尊マンダラ　チベット／玉重コレクション

4　明妃ヴァジュラヴァーラーヒーを抱擁するチャクラサンヴァラ
チベット／ギュメ寺

5　チャクラサンヴァラ像　ネパール／北村コレクション

6　ブッダカパーラと明妃チトラセーナー　チベット／ペンコル・チョルテンの壁画

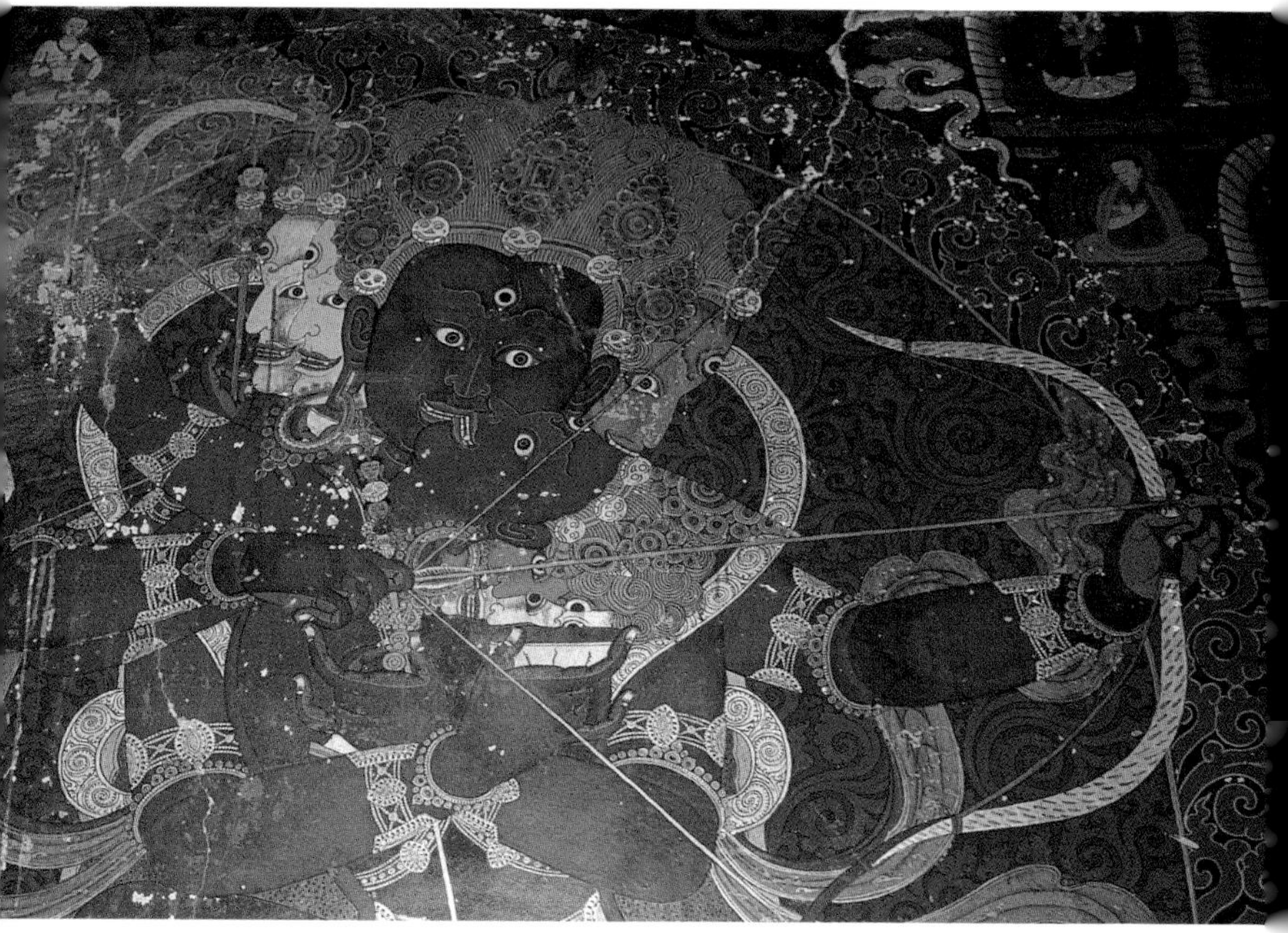

7　マハーマーヤーと明妃ブッダダーキニー　同上

◀8　『サンプタ・タントラ』に説かれる金剛薩埵マンダラ
チベット／ペンコル・チューデのマンダラ堂の壁画

9　カーラチャクラと明妃ヴィシュヴァマーター　チベット／ペンコル・チョルテンの壁画

10　「カーラチャクラの大灌頂」のために作られた砂マンダラ　チベット

インド後期密教〔下〕………目次

インド後期密教〔下〕

般若・母タントラ系の密教

持金剛父母仏　チベット／北村コレクション

序　人間の生命力と宇宙エネルギーの共鳴

母タントラとカーラチャクラ・タントラ

松長有慶

父と母、両タントラ

タントラを父と母に二分する。奇妙な名前だと思う方も少なくないだろう。ところが『秘密《ひみつ》集会《しゅうえ》タントラ』などの父《ふ》タントラと、『ヘーヴァジュラ・タントラ』『サンヴァラ・タントラ』に代表される母《も》タントラを対照してみると、程度の差ではあるが、前者が男性的な側面を、後者が女性的な要素をより多くもっていることに気付く。

父タントラでは、忿怒形《ふんぬぎょう》の仏たちが主役となる。それ以前の瑜伽部《ゆがぶ》の密教に対して、それは父タントラの著しい特徴と見られる。マンダラの主尊も穏やかな大日如来から、忿怒形の阿《あ》閦《しゅく》如来に変わる。

父タントラの諸忿怒尊の形相には、世俗の鬱憤《うっぷん》を晴らす怒りというよりも、大宇宙がひそかに蓄えてきた根源的な激怒が、一気に放出されるような強烈なエネルギーがほとばしっている。

一方、母タントラには、女性原理がふんだんに盛り込まれている。マンダラの主尊はほとんどの場合、女尊である。われわれ現代人にとって、女性とは慈愛と柔軟性の象徴として受け取られているが、母タントラの場合は違う。多くの場合、両眼をカッと見開き、牙をむき出し、髑髏《どくろ》や生首で飾られた忿怒の女尊が、主役の座を占める。

洋の東西を問わず、女性は生命を生み出す基体であり、生命活動の象徴とも考えられてきた。サンスクリット語のシャクティ（śakti）という語は、女性を表すとともに、エネルギーないし力という意味を含めもっている。ヒンドゥー教では、男神が抱く女神をシャクティという。仏教タントラではこの語を避け、ヴィディヤー（vidyā）とかマヒシー（mahiṣī）の語を使う。だが女尊の中に潜む宇宙的なパワーに変わりはない。

タントラの世界では、女性は剛なる男性に対する柔のイメージではなく、宇宙にみなぎる生命力を象徴する。忿怒と女性、ともに人間世界のものではなく、宇宙エネルギーの具現化である。チベット密教寺院の護法堂などで、忿怒形の男女合体像がすさまじい迫力をもって、見るものに迫ってくるのもそのあたりに原因があるのだろう。

無上瑜伽《むじょうゆが》タントラを性格別に、方便《ほうべん》と般若《はんにゃ》に二分する方法は、一一世紀のインドでは知られていた。七世紀頃から大乗仏教の論書では、般若と方便の双修によって悟りにいたるとさかんに主張され、密教にもその思想は継承された。サンスクリット語で、般若（prajñā）は女性名詞、方便（upāya）は男性名詞であるところから、無上瑜伽部の密教では、般若を女性原理、方便を男性原理に配当する。タントラを般若・母タントラ、方便・父タントラに二分するのに、その名を借用したものと思われる。

母タントラとインド土着信仰

瑜伽タントラに属する『真実摂経《しんじつしょうきょう》』には、男女の交接が悟りへの道であるという記述が初めて現れる。そして無上瑜伽の父タントラを代表する『秘密集会タントラ』では、男女二根の合一によって解脱にいたる儀礼が説かれる。一方、母タントラ系の聖典や成就法《じょうじゅほう》には、さらにエスカレートして女性パートナーを伴う性的な儀礼がふんだんに盛り込まれる。

密教行者は人里離れたさびしい死体置き場や墓地において、肉や大小便、経血や精液を飲食し、瑜伽女《ゆがにょ》（yoginī）とかダーキニー（ḍākinī）といわれる身分の卑しいアウトカーストの女性と交わり、秘密の儀礼を執行する。

多数の女性パートナーに取り囲まれ、彼女たちとの交接を伴う秘儀を、聚輪《しゅうりん》(gaṇacakra)と呼ぶ。このような秘儀には、男性をミクロ、女性をマクロのコスモスに対置し、両者の一体化がミクロとマクロの合一になぞらえる教理的な解釈が添えられるが、宗教儀礼としても極めて特異であることはいうまでもない。

女性を伴う密教儀礼には、ヒンドゥー教のシャークタ派の影響が想定さる。しかしアウトカーストの女性をとくに尊重するなど、バラモン社会にも真っ向から挑戦する点はヒンドゥー教の伝統にもそぐわない。インド古来の土着の信仰が、仏教にもヒンドゥー教にも取り上げられ、表面化する社会的な趨勢が強かったためと思われる。

人間の生理を活性化させる修法

『秘密集会タントラ』などの父タントラにも、女性を伴う成就法について説かれている。しかしその修法の基盤は、あくまでも瑜伽の観法《かんぼう》にある。行者は瑜伽観法を通じて、本尊と一体となり、自己の本性が絶対的存在にほかならぬとの自覚をもつ。その際、初めに行者と本尊とが一体化した仮の姿の三昧耶薩埵《さんまやさった》(samaya-sattva)が眼前に招請《しょうしょう》され、続いて行者の供養などの外的な所作の後、絶対的な存在である本尊の智薩埵《ちさった》(jñāna-sattva)がそこに降臨し、両者が融合する結果、現実存在である行者が絶対的存在と化す。

三昧耶薩埵と智薩埵の語が初めて現れるのは、『真実摂経』であるが、瑜伽タントラではまだ具体的な観法まで叙述されていない。一方、無上瑜伽タントラの父タントラにおいて、『秘密集会タントラ』には、この両薩埵の名前は記されていないが、そこに現れる観法の基本的な構造は、ほぼそれに沿っていると見てよい。

父タントラの観法は基本的には、風《ふう》つまり行者の呼吸の調整をはじめ、微細《みさい》の瑜伽といわれるような、鼻端に観想した三昧耶薩埵の極大化と極小化を反復することにより、智薩埵との合一を果たし、最終的には行者を本来の自己に覚醒させるところにある。

一方、母タントラでは、人間のもつ生得の生命エネルギーの活性化を図る。そのためには父タントラのように、人間の生理作用を抑制することによって、最終的に自己実現を果たすという方法はあまり表面化していない。

母タントラの観法の中で、最も代表的なものは、四輪《しりん》・三脈管《さんみゃくかん》を活性化する観法である。それについては本書の『ヘーヴァジュラ・タントラ』『チャクラサンヴァラ・タントラ』の解説において詳しいが、人間の身体の中に、複数の基点を想定し、それらの基点を移動していく生命力の循環を、瑜伽観法を通じて自在に統御することによって、本来の自己実現を図る。

人間の性欲もまた生命活動の重要な一環である。女性のパートナーとの交接を通じて、性のエネルギーを質的に転換させ、最終的には宇宙エネルギーの中に昇化させてしまう。人間の身体そのものが本来大宇宙に他ならず、完全性を具《そな》えているのであるから、人間の生理作用をはじめとする身体活動を束縛せず、自在化するさまざまな修法がそこに説かれる。

性をはじめとする人間のもつ生得的な欲望を肯定し、それを解脱に向かう原動力と見なす思想は、瑜伽タントラの『真実摂経』や『理趣経《りしゅきょう》』に説かれていた。だが欲望肯定の理念を、瑜伽観法の実践体系の中に具体的に組み入れ、人間が本来所有している仏性を開発する儀礼として構成したのは、無上瑜伽タントラであった。

その儀礼は必然的に社会的な規範に背反する要素も少なからず含まれている。そのためにそれは秘儀とされ、伝統を継承した阿闍梨《あじゃり》から、資格を認められたものだけに、伝授が許可されるのが原則である。

秘儀は劇薬である。母タントラが説くある種の身体エネルギーの活性化の儀礼は、ミクロコスモスとしての人間が、マクロの大宇宙と同化するには、最も有効な方法の一であるといってよい。しかしながら人間の側にあって、秘儀を執行し、あるいはそれを師資の間で継承するに際して、厳密に定められている規則に従わない場合、当然のことながら大自然が課す過酷な罰則が用意されていた。また一方、社会的にも痛烈な批判にさらされたことはいうまでもない。

無上瑜伽部の密教は、その後、チベットやネパールなどチベット仏教の文化圏に伝播《でんぱ》し、隆盛したが、とくに性行為を伴う儀礼を、仏教の戒律といかに会通させるかという問題が常に仏教教団に問いかけられていた。

無上瑜伽のとくに母タントラに説かれる身体技法には、土俗的な要素がその儀礼の根幹にも潜められているため、インド以外の土地にそのまま移植されることはほとんどなかった。東アジアの諸地域には瑜伽部までの密教が移植され、その遺跡もいくつか現存する。その半面　インドとチベット文化圏以外において、無上瑜伽部の密教が繁栄した形跡をとどめていないのは、パワーあふれる生命力を横溢させている反面、民俗宗教的な要素を濃厚に抱えた無上瑜伽部密教の特殊性によるところが少なくないと思われる。

母タントラの変遷

母タントラの先駆的な思想と儀礼は、『サマーヨーガ・タントラ』に見出すことができる。母神崇拝、人間の生理を活用する実践法など、母タントラの主要な要素はその中に萌芽している。さらにまたこのタントラは、不空訳の『十八会指帰《じゅうはってしいき》』に源泉的な記述が存在し、マンダラ構成において、『理趣広経』ともつながる。

父タントラを代表する『秘密集会タントラ』の成立は、八世紀の後半と目されるが、『サマーヨーガ・タントラ』もほぼ同時期に形づくられ、九世紀以降の母タントラの爆発的な流行にいたる素地を提供したことは間違いない。

母タントラを代表するのは、『ヘーヴァジュラ・タントラ』と『サンヴァラ・タントラ』である。『ヘーヴァジュラ・タントラ』には、未整理の儀礼や思想が散見されるが、そこに説かれる四輪・三脈管の観法、さらには性瑜伽《せいゆが》を伴う四種灌頂《かんじょう》、四歓喜《しかんぎ》説など、母タントラの主要な思想や儀礼はほぼ顔を出しているとみてよい。

サンヴァラ系の主要な聖典である『チャクラサンヴァラ・タントラ』では、行者の身体に存在する輪（チャクラ）に、マンダラ諸尊を配置し、それらを聖地に見立てて、身体内部のマンダラと外部のマンダラとしての聖地と対応させ、観法を行う。その儀礼には、九世紀に隆盛をみたヒンドゥー教のシヴァ派の影響が濃厚である。だがタントラには、外教的な儀礼を仏教教理と整合させようとする努力も各所に認められ、仏教タントラとしての独自性を保持しようとする意図を窺うことも可能である。

つぎに取り上げる『ブッダカパーラ・タントラ』は、同じくシヴァ派の中のカパーリカ、すなわち髑髏を持つ苦行者たちの儀礼からの借用である。ただその冠に「ブッダ」の語を載せ、仏教タントラを標榜しているところにも、この時代の母タントラがヒンドゥー教と見分けがつかなくなっていた事情を察知することができる。同様に『マハーマーヤー・タントラ』もヒンドゥー教シヴァ神のシャクティ（神的威力）の凶暴な側面を表すマハーマーヤー女神と関係が深い。

『チャトゥシュピータ・タントラ』では、チャクラを巡る人間の意識が、死後に遷移《せんい》し、浄化される「ウトクラーンティ」の技法や、聚輪の儀礼の原初形態が初めて出現する点が注目される。

一一世紀の中頃、インド密教のフィナーレに近い時期に、インド密教を習合し、再編成をもくろむタントラが現れた。『サンプタ・タントラ』がそれである。その中には母タントラ系の諸タントラのみならず、瑜伽部密教、さらに父タントラにいたる密教の思想、実践、マンダラなどを集め、取捨選択して、新しいタントラを作り上げ、混沌としたカリユガ（末法）の時代にふさわしい方向性を模索する動きを見せている。

父タントラは『秘密集会タントラ』という根幹となるタントラの成立後に、新しく有力なタントラが現れず、このタントラを中心とする、流派の形をとってその伝統は継承された。それに対して、母タントラ系では、時代の潮流に沿って新しい構想の下にいくつものタントラが製作せられ、思想的にも実践法の上でも、次々に新機軸が打ち出されていった。

インド密教は一三世紀の初頭に、ベンガル地方に残された最後の拠点ヴィクラマシーラ寺の壊滅によって、その幕を閉じる。その最終段階に、それまでの無上瑜伽段階の密教を総合する『カーラチャクラ・タントラ』が出現した。その中には、迫りくるイスラームの脅威に対して、仏教徒もヒンドゥー教徒もともに協力して対抗すべしとの悲壮な記述も見うけられる。

このタントラはインド密教の悼尾を飾るにふさわしく、思想の面においても、実践の面においても、マンダラの構成面においても、それまでの父タントラと母タントラを統合する雄大な意図の下に製作せられている。

それはまさに消え去らんとする灯火の最後のきらめきにも似て、絢爛たる内容と規模を有し、総合的な性格を備えた格式のあるタントラであった。とはいえ仏教教団はイスラームの破壊活動に抗しえず、インドの地からはやがてその姿を消してしまう。この間、無上瑜伽密教はチベットに移植され、二〇世紀の前半期まで隆盛をみた。

しかし一九五九年、中国軍の侵攻によって学識あるラマ僧が本国を追われ、一三世紀初頭のインド密教の悲劇はもう一度、チベットにおいて再現した。現在、彼らはチベット周辺地域やインドあるいは欧米諸国に移住し、その伝統はこれらの地において、かろうじて保持されている。

1 『サマーヨーガ・タントラ』

般若・母タントラの原形

田中公明

一 『サマーヨーガ』とはなにか

九世紀以後、インドにおいて爆発的に発展するタントリズムには、ヒンドゥー教、仏教、ジャイナ教という宗教の枠を超えて、共通の要素が数多く見られる。これらタントリズムの共通の基盤となった土着宗教は、歴史的には何の文献も遺さなかったが、後に成立した各宗教のタントラには、「尸林《しりん》」、つまり中世インドの葬場で繰り広げられた黒魔術的なカルトの残滓《ざんし》が見られる。そこでこの宗教は、「尸林の宗教」と名づけられた（津田真一）。

そして近年、ヒンドゥー教シヴァ派のタントラの研究が進むにつれ、これらが仏教の母タントラと密接な関係があることがわかってきた。サンヴァラ系を代表する『ラグサンヴァラ・タントラ』が、ヴィディヤーピータ系のシヴァ派タントラを一部剽窃《ひょうせつ》していることは、すでに確認されている（A・サンダーソン）。

『サンヴァラ・タントラ』の名は、八世紀から九世紀初頭にかけて成立した比較的初期の後期密教文献にも、しきりと言及されている。そこで欧米の研究者を中心に、母タントラは、当初からヒンドゥー・タントラの影響下に成立したとの説が、唱えられるようになった。

ところが日本の複数の研究者が、初期の後期密教文献に見られる『サンヴァラ・タントラ』からの引用を検討したところ、これらのほとんどは『ラグサンヴァラ』や『サンヴァローダヤ』などの、現行のサンヴァラ系タントラには一致せず、チベット訳のみが伝存する『サルヴァブッダ・サマーヨーガ・ダーキニージャーラ・サンヴァラ』（Sarvabuddhasamāyogaḍākinījālasaṃvara 以下『サマーヨーガ』と略）と呼ばれる文献からの引用であることが明らかになった。そして現在までのところ、ヒンドゥー・タントラとの類似箇所も、『サマーヨーガ』の中心をなす「続タントラ」からは発見されていない。

したがって、謎に包まれている母タントラの成立史を解明するためには、このタントラの思想と実践体系を解明することが必要なのである。

二　聖典の構成

それでは『サマーヨーガ・タントラ』の構成を概観してみよう。

『チベット大蔵経』には現在、『サマーヨーガ』の「続タントラ」と「続々タントラ」のみが収録され、「根本タントラ」は伝承されていない。しかしプトゥンの『チベット大蔵経目録』によると、彼の在世当時にはラ・リンポチェが訳した根本タントラが存在していたことがわかる。

また『チベット大蔵経』には、インドラナーラが「続タントラ」を注解した大注釈（デルチエン）が収録されており、同書はしばしば根本タントラを引用している。なおこの文献は、吐《と》蕃《ばん》時代に伝播した古密教（八世紀後半〜九世紀）に基づくチベット仏教ニンマ派が伝承していたものであるが、プトゥンはこれをインド真撰と認定し、現在でも一般にこの解釈が認められている。

さらにニンマ派のみが用いる『古タントラ全集』の中には、「続タントラ」と「続々タントラ」と並んで、もう一篇の『サマーヨーガ・タントラ』（古タントラ版）が収められている。このタントラは、ニンマ派に固有のテクニカル・タームを説くことから偽作とされ、『チベット大蔵経』から除外されたようである。しかしその内容は、前述の大注釈やクラージャが著した六族の注解書などによく一致して、興味深いものがある。

　前述のように、このタントラは、後期密教の中では比較的初期に成立した「秘密集会《ひみつしゅうえ》」聖《しょう》者流《じゃりゅう》や、『ナーマサンギーティ』の具密流のような後期瑜伽タントラの解釈学派の論書に、『サマーヨーガ』ではなく『サンヴァラ』あるいは『サンヴァラのウッタラ』の名で、しばしば引用されている。これらの引用を、現存するチベット訳と比較すると、そのほとんどは「続タントラ」に一致し、インドラナーラの大注釈に引用される根本タントラと一致する引用は、現在までのところ確認されていない。

　これらの事実から、根本タントラが実在したかどうかはさておき、『サマーヨーガ』では「続タントラ」が最も重要なテキストであることがわかる。

　そこでここでは、「続タントラ」を中心に『サマーヨーガ』の構成を見てゆきたい。

　次頁の表のように、「続タントラ」は一〇章からなっている。このうち第一章から第四章までは、それぞれシュローカという一偈三二音節の韻文で二五偈からなり、比較的短い。これに対して第五章、第六章は九〇偈を超え、かなり長大である。さらに第九章は、全体で五四三偈にも及んでいる。これは他の九章を合計した文献量を超えている。このように「続タントラ」

の章立ては、きわめてバランスを欠くものとなっている。

いっぽう『サマーヨーガ』を引用するテキストの多くには、サンスクリット原典が遺されている。また出典を明らかにしない引用や、他の母タントラとの共通偈・類似偈も数多く存在するので、かなりのサンスクリット原文を回収することができる。筆者の復元では、現在までのところ約一〇〇〇偈ある「続タントラ」のうち、ほぼ一割に当たる一〇〇偈ほどの原文が回収されている。

『サマーヨーガ・タントラ』の構成

章　題	偈　数	章　題	偈　数
第一章	25	第六章	93
第二章	25	第七章	71
第三章	25	第八章	28
第四章	25	第九章	543
第五章	98	第十章	18

いっぽう「続々タントラ」は、吐蕃解体後の混乱期にチベットを訪れ、新訳密教の先駆をなしたスムリティによって訳されたので、その成立は「続タントラ」より半世紀ほど遅れると見られる。

「続々タントラ」は、第一八章から始まり第二二章で終わっている。もし「続タントラ」と「続々タントラ」が連続していたとするなら、この間に第一一章から第一七章までがなくてはならないが、『チベット大蔵経』には欠けている。

いっぽうインドラナーラの大注釈は、しばしば『七章儀《ぎ》軌《き》』（トクパ・ドゥンパ）というテキストを引用している。しかし、これが第一一章から第一七章までに相当するかどうかは、現在までのところ明らかでない。

また「続々タントラ」の第一九章には、格子状の字母表を使用して真言《しんごん》を暗号的に記述する一節があるが、ヒンドゥー教の『ヴィナーシカ・タントラ』に、これと類似の一節があることが報告されている（苫米地等流）。

なお「続々タントラ」の末尾には、「『サルヴァブッダ・サマーヨーガ・ダーキニージャーラ・サンヴァラ』一万八千頌より、一切儀軌王一一七（頌）が終結した」との奥書がある。このことから『サマーヨーガ』は、本来は一万八千頌あるとされていたことがわかる。これは現存する「続タントラ」の一八倍の文献量である。

三　その成立年代と成立地域

つぎにこの特異な聖典が、いつ頃どこで成立したのかについて考えてみよう。

母タントラは、数多い密教聖典の中でも、後述するカーラチャクラ系を除いては、最も遅れて成立した文献群である。したがって、わが国の真言密教の源流である唐代の中国密教には、その存在すらほとんど知られていなかった。

ところが六節で詳説するように、中国に『金剛頂経《こんごうちょうぎょう》』系の密教を伝えた不空は、『十八会指帰』の中で、『金剛頂経』の第九会として「一切仏集会拏吉尼戒網瑜伽《いっさいぶつしゅうえだきにかいもうゆが》」という聖典に言及している。なお「サルヴァブッダ」は「一切仏」、「サマーヨーガ」は「集会」、「ダーキニージャーラ」は「拏吉尼網」、「サンヴァラ」は「戒」と訳せるので、これは『サマーヨーガ』の正式題名に対応する。

いっぽう八世紀の末から九世紀前半まで、チベットの吐蕃王国が占領していた敦煌《とんこう》からは、このタントラのチベット訳（断片）が発見された。これによって『サマーヨーガ』が吐蕃時代に伝えられたというニンマ派の所伝が裏づけられた。

またニンマ派では、このタントラを「マハーヨーガ十八大部」の身密《しんみつ》の根本タントラとして重視しているが、一一世紀以後に伝播した新訳密教では、『サマーヨーガ』は数多い母タントラの一つにすぎず、その流行も『ヘーヴァジュラ』や『サンヴァラ』には遠く及ばない。この事実も、このタントラが、主として八世紀から九世紀にかけて流行したことを示している。

ジュニャーナミトラの『般若理趣百五十頌注』によると、『サマーヨーガ』や『秘密集会』を中心とする十八部の密教聖典群は、インドラブーティ王が統治するサホール国に出現したといわれる。しかし、王はその内容を理解することができなかったので、ククラージャという阿闍梨を招聘して、その意味を悟ることができたと伝えられる。

インドラブーティについては、大インドラブーティ、小インドラブーティの二人説、これに中インドラブーティを加えた三人説など、諸説がある。このうち大インドラブーティは、ブッダ在世当時の大王とされている。そして北宋時代に漢訳された『最上大乗金剛大教宝《さいじょうだいじょうこんごうだいきょうほう》王経《おうきょう》』には、インドラブーティ王がブッダと金剛手から密教を授けられる物語が説かれている。これは歴史的人物のインドラブーティ王を、ブッダ在世当時まで遡らせたものと考えられる。

これに対して『チベット大蔵経』には、インドラブーティ作とされるテキストが多数収録されている。その中には『サマーヨーガ』の注釈書や成就法が複数含まれており、インドラブーティと『サマーヨーガ』の密接な関係がうかがえる。また『ジュニャーナシッディ』も、『サンヴァラ』の名で『サマーヨーガ』を数多く引用している。さらに『サマーヨーガ』の大注釈の著者として再三言及したインドラナーラも、大注釈の奥書によればウディヤーナの王とされることから、中インドラブーティと同一視する説がある。

これに対して、インドラブーティ作とされるチャクラサンヴァラ関係の著作は、サンヴァラ系の六十二尊マンダラの体系を前提としているので、後代の別人の作と思われる。

したがって現在のところ、大インドラブーティは架空の人物、『サマーヨーガ』関係の注釈・成就法と『ジュニャーナシッディ』の著者が中インドラブーティ、サンヴァラ系と関係するのは小インドラブーティとするのが、妥当な解釈と思われる。

なお『般若理趣百五十頌注』に出てくるサホールは、今日のベンガル地方に比定されるが、インドラブーティ王の国については、『八十四成就者伝』や『青史』のようにウディヤーナとする文献が多い。ウディヤーナについては、ベンガル・オリッサなどの東インド説や、ガンダーラ地方（現在のパキスタン）の奥にあるスワット渓谷に比定する説がある。

またチベット仏教ニンマ派の祖とされるパドマサンバヴァは、ウディヤーナの王インドラブーティの子といわれるが、彼が伝えた教法のうち、最も確実なものは、プルパ（橛《けつ》）の法である。ところが最近、スワットから、下半身が橛の形をしたプルパの神像が発見され、現在はラホール博物館に所蔵されている。

またスワットからは、珍しい八臂の八難救済観音像が発見されたが、筆者が調査したところ、これは『一切《いっさい》仏《ぶっ》摂《しょう》相応《そうおう》大《だい》教王《きょうおう》経《きょう》 聖《しょう》観《かん》自《じ》在《ざい》菩《ぼ》薩《さつ》念《ねん》誦《じゅ》儀《ぎ》軌《き》』（ローケーシュヴァラ・カルパ）の記述に一致することがわかった。そして「一切仏摂相応」とは「サルヴァブッダ・サマーヨーガ」の訳であることも判明した。

これらの事実は、スワットこそウディヤーナであり、『サマーヨーガ』の成立地であることを示唆するものとも考えられる。

『サマーヨーガ』の思想と実践体系は、その後のインドで大発展を遂げ、ついには母タントラと呼ばれる一大聖典群が形成された。しかし父タントラの根本タントラとされる『秘密集会』が、インドにおいて長く古典的な密教聖典として尊重されたのに対し、『サマーヨーガ』の存在は、しだいに忘れ去られ、後に成立した『ヘーヴァジュラ』やサンヴァラ系タントラが、代表的な母タントラと見なされるようになる。

これは『サマーヨーガ』の体系がいまだ未成熟で、過渡的な性格をもっていたことにもよるのだろうが、九世紀以後、スワットが急速にイスラム化し、仏教の伝統が失われたことにもよるのではないか。もし『サマーヨーガ』が、仏教が最後まで残存していたベンガルで成立したのなら、その伝統も一二〜一三世紀まで存続したのではないだろうか。

四　六族マンダラの構造

『サマーヨーガ・タントラ』には、①ヘールカ、②毘盧遮那《びるしゃな》、③金剛日、④蓮華舞自在、⑤パラマーシュヴァ、⑥金剛薩埵《こんごうさった》の六族からなる二種のマンダラが伝えられている。

その第一はヘールカ族のマンダラを中心とし、他の五族のマンダラを五方に配するものであり、他の一つは（二）金剛薩埵族のマンダラを中心とし、毘盧遮那（東）、ヘールカ（南）、蓮華舞自在（西）、金剛日（北）の四族のマンダラを四方、パラマーシュヴァ族のマンダラを四隅に配するものである。この他、フーンカーラの『四支分義明』（北京二五四八番）には、（一）金剛薩埵族を中心としながら、四隅に息災《そくさい》・調伏《ちょうぶく》・敬愛《けいあい》・増益《そうやく》の四種マンダラを配した九族マンダラが説かれるが、実際の作例は報告されていない（次頁の図1参照）。

これら六族のマンダラは、パラマーシュヴァ族のみが二三尊、他の五族は二一尊からなっている。そしてパラマーシュヴァ族は、ヘールカ族の二一尊に二尊をつけ加えただけであるから、基本的には主尊の周囲に八尊を巡らし、その外側に一二尊を配する二一尊構成と見ることができる。

このうち金剛薩埵族のマンダラは、『理趣広経』「真言分」に説かれる金剛薩埵十七尊マンダラを改変して作られている。『理趣広経』の十七尊マンダラとは、『理趣経』の冒頭に説かれる「十七清浄句」と呼ばれる一七の教理命題に、尊格の姿を与えてマンダラにしたものである。なお『理趣広経』のマンダラは一七尊からなっているが、『サマーヨーガ』では、これに四人の楽器の女神を付加して、二一尊としたのである。

同様にして毘盧遮那族、ヘールカ族、蓮華舞自在族、金剛日族のマンダラは、それぞれ『理趣広経』の如来部・金剛部・蓮華部・宝部のマンダラに対応している。

なおインドネシア・ジャワ島のスロチョロとポノロゴからは、像高六センチから一〇センチ程度の青銅像セットが出土し、『サマーヨーガ』の金剛薩埵族の立体マンダラに同定された

ヘールカ族中心

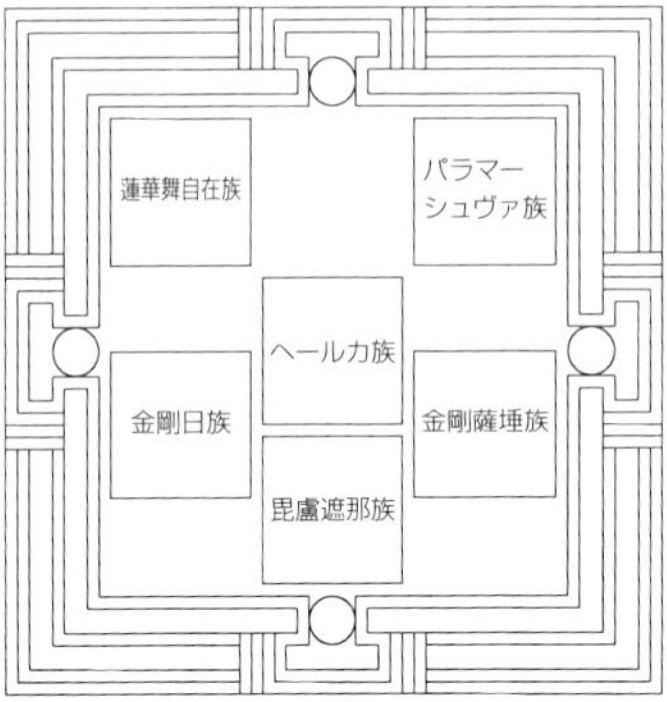

金剛薩埵族中心

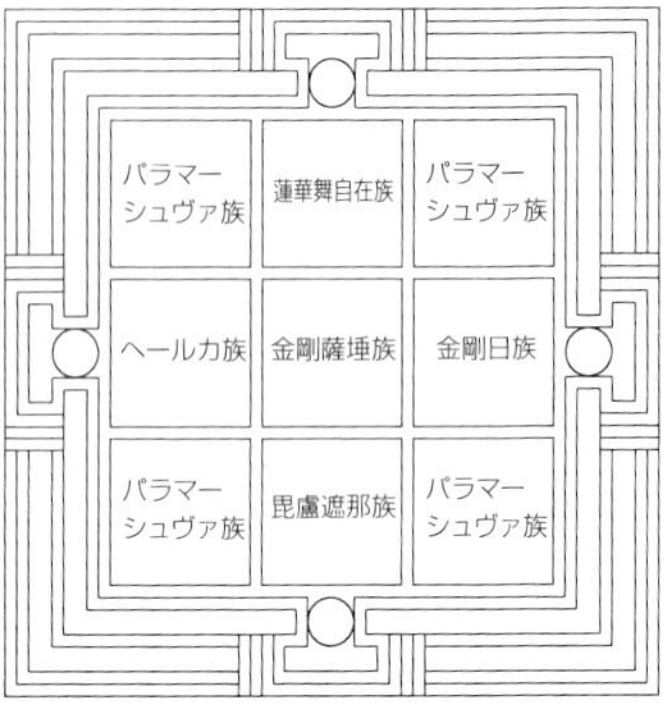

フーンカーラの『四支分義明』

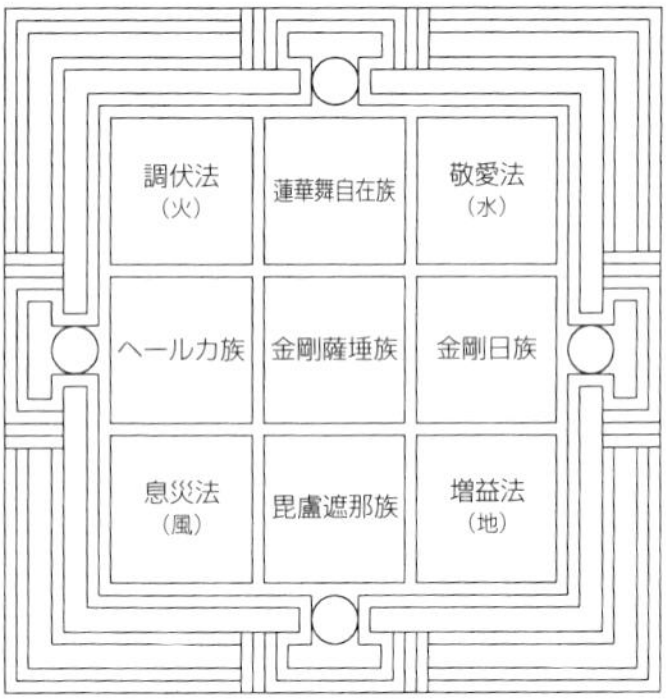

1 『サマーヨーガ・タントラ』六族マンダラの配置

2　ジャワ島スロチョロ出土の青銅像。金剛薩埵（右上）、エマ大サンヴァラ女（右下）、香水女（左上）、仏菩提女（左下）　中部ジャワ／歴史的古代遺物博物館蔵

（松長恵史『インドネシアの密教』法蔵館、一九九九年）。インドネシアからは金剛界の立体マンダラも出土しているが、後期密教の立体マンダラの出土例は、きわめて稀である。またこの発見によって、『サマーヨーガ』がインド亜大陸だけでなく、かつては東南アジアにも伝播していたことが明らかになった。

いっぽう前述の『一切仏摂相応大教王経聖観自在菩薩念誦儀軌』は、『サマーヨーガ』の六族のうち、蓮華舞自在族の儀軌を独立させたものであることがわかった。なお漢訳者の法賢は、蓮華舞自在を観自在菩薩と訳しているが、これは蓮華舞自在族が『理趣広経』の観自在菩薩のマンダラから発展したことを念頭に置けば、容易に理解できる。

以上の考察から、『サマーヨーガ』の六族マンダラは『理趣広経』「真言分」と密接に関係し、金剛薩埵族、毘盧遮那族、ヘールカ族、蓮華舞自在族、金剛日族のマンダラは、それぞれ『理趣広経』「真言分」に説かれる金剛薩埵部・如来部・金剛部・蓮華部・宝部のマンダラに対応することがわかった。これに対してパラマーシュヴァ族は、瑜伽タントラや父タントラの羯磨《かつま》部に相当するといわれるが、実際にはヘールカ族のマンダラに、二尊をつけ加えただけにすぎない。これは、『理趣広経』「真言分」では羯磨部が未発達で、如来・金剛・蓮華・宝の四部に、金剛薩埵部を加えて五部としているという事実を反映するものであろう。

このように『サマーヨーガ・タントラ』は、『理趣広経』「真言分」のマンダラを母タントラ風に改変して、六族のマンダラを作りあげたことがわかる。

　またインドネシアの立体マンダラや、『一切仏摂相応大教王経聖観自在菩薩念誦儀軌』からも明らかなように、『サマーヨーガ』の六族は、それぞれが独立したマンダラとしても造立されたことがわかった。

　そしてこれら各部のマンダラを、大きな楼閣《ろうかく》の中に収めた大規模なマンダラは、都部《とぶ》マンダラと呼ばれる。

　都部マンダラの代表例としては、『初会金剛頂経』の釈タントラである『金剛頂タントラ』所説の「五部具会《ぐえ》マンダラ」、ヘーヴァジュラ系のパンチャダーカ・マンダラ、サンヴァラ系のシャトチャクラヴァルティン・マンダラなどが挙げられる。そして『サマーヨーガ』の六族マンダラは、『理趣広経』「真言分」の内容を総合した都部マンダラと見ることができる。

　このように『サマーヨーガ』が『理趣経』の後を承けるものであることは、マンダラの構造からも確認できるのである。

五　先行する経典と後続のタントラ

いっぽう『サマーヨーガ』と『理趣広経』の間には、「続タントラ」第一章第二四偈、第六章第一五～一六偈（七節の4参照）、第九章一六〇偈（前半）のように、同一偈や類似偈も、かなりの数存在することが明らかになっている。

前述の『十八会指帰』によれば、『理趣経』は『金剛頂経』の第六会に位置づけられ、第七会『普賢瑜伽《ふげんゆが》』、第八会『勝初瑜伽』も、『理趣経』系の密教聖典と考えられている。そこで筆者は、『理趣広経』の前半部「般若分」を第六会、後半部の「真言分」を第七会と第八会に比定しているが、その思想を発展させた『サマーヨーガ』が、第九会の「一切仏集会拏吉尼戒網瑜伽」に相当するのは、密教の歴史的発展を考える上で、きわめて示唆的である。

またヘールカ族のマンダラの中心部は、ヘーヴァジュラ九尊マンダラと、よく似た構成を示している。『ヘーヴァジュラ・タントラ』は、後のチベットでは、無上瑜伽母タントラのヘールカ族に分類されるが、このことはマンダラの構造からも裏づけられる。

いっぽう『サマーヨーガ』で付加された四人の楽器の女神と、動物の頭をした門衛の女神は、ヘーヴァジュラ九尊マンダラには現れないが、ヘーヴァジュラ十七尊マンダラには描かれている。

いっぽうサンヴァアラ系のマンダラは、構造的に『サマーヨーガ』のマンダラとは異なっているが、それでも六族の主尊や動物の頭をした門衛の女神（『サマーヨーガ』系とは組み合わせが異なる）など、『サマーヨーガ』ではじめて導入された要素が組み込まれている。

このように『サマーヨーガ』のマンダラには、『理趣経』系と、後の母タントラの基調を形成する図像学的要素が混在している。この事実も、『サマーヨーガ』が過渡期の文献であることを示すものといえよう。

六 『十八会指帰』の記述

『サマーヨーガ・タントラ』は、漢訳の『大蔵経』には含まれていない。しかし、前述の『十八会指帰』に説かれる「一切仏集会拏吉尼戒網瑜伽」の記述から、「根本の経は伝訳せられないけれども、その外編（続タントラ＝筆者注）の名によれば、一切仏集会拏吉尼戒網瑜伽に相当するものにして、不空訳の十八会指帰によれば、その第九会に相当するもののようである」と指摘されている（酒井眞典『喇嘛教の典籍』）。

そこでここでは煩を恐れず、その全文を引用してみよう。

第九会を一切仏集会拏吉尼戒網瑜伽と名づく。真言宮殿に於いて説く。此の中に自身を立てて本尊瑜伽《ほんぞんゆが》と為し、身外に形像を立つる瑜伽者を訶《いさ》むることを説く。広く実相の理を説き、并びに五部の根源を説き、并びに瑜伽の法を説き、九味を具す。所謂華麗（金剛薩捶）、勇健（毘盧遮那）、大悲（持金剛）、喜笑（観自在）、瞋怒（金剛光）、恐怖（降三世）、厭患（釈迦牟尼仏）、奇特（金剛笑）、寂静（瑜伽中毘盧遮那）なり。普賢菩薩等より金剛拳に至るまで、各四種曼荼羅及び、引入弟子の儀を説き、及び四種印を受くることを説き、并びに五部の中の歌讃舞儀を説く。（漢文読み下しは『新国訳大蔵経』（大蔵出版社）によった。）

そして、この記述と『サマーヨーガ・タントラ』の内容を比較し、『十八会指帰』の「自身を立てて本尊瑜伽と為し、身外に形像を立てる瑜伽者を訶むる」という文には、「続タントラ」の第一章（第二〇～二五偈）に対応箇所があることを発見したが、「瑜伽に九味を具す」との記述には対応する部分が見いだされない、とする意見が出された（福田亮成「『一切仏平等瑜伽タントラ』の一考察」）。

これに対して筆者は、「九味」とはインドの芸術論で重視される九種のラサ（情感）であることを指摘した。なおラサ（味）とは、文学、音楽、絵画などを鑑賞するときに、鑑賞者の味わう美的陶酔のことである。なお戯曲論『ナーティヤ・シャーストラ』では、ラサは①恋（śṛṅgāra）、②滑稽（hāsya）、③悲（karuṇā）、④忿怒（raudra）、⑤勇猛（vīra）、⑥恐怖（bhayānaka）、⑦嫌悪（bībhatsa）、⑧驚異（adbhuta）の八種とされていたが、八世紀頃から第九のラサとして

⑨寂静（śānta）（宗教的解脱の情感）を認める詩論家が出て、寂静のラサが市民権を獲得した。不空がインドから帰朝するのは七四六年だから、九種からなる最新のラサ理論が、彼とともに唐土にもたらされたことになる。

そして『十八会指帰』の「九味」は、華麗（śṛṅgāra）、勇健（vīra）、大悲（karuṇā）、喜笑（hāsya）、瞋怒（raudra）、恐怖（bhayānaka）、厭患（bībhatsa）、奇特（adbhuta）、寂静（śānta）というように、九種のラサに対応していると考えられる（田中公明「『一切佛集會拏吉尼戒網瑜伽』所説「九味」考」）。

そこで「九味」は九種のラサであるという仮定に基づき、再度文献を捜索したところ、以下に示すように、「続タントラ」の第九章から『十八会指帰』の記述に合致する箇所が発見された（田中公明「『一切佛集會拏吉尼戒網瑜伽』所説「九味」再考」）。

> 金剛薩埵は華麗であり、勇健は勇者である如来、持金剛は大悲であり、喜笑は最勝の世自在（観自在）である。金剛日は瞋怒であり、金剛忿怒は恐怖、釈迦牟尼は厭患、奇特はアーラリ、寂静は永遠なるブッダ（シャーシュヴァタ＝毘盧遮那の異名）である。（「続タントラ」第九章第二一九～二二一偈）

この部分を、『十八会指帰』の記述と比較すると、九種のラサと「九味」の対応関係と順序は、筆者の推定と完全に一致した。いっぽう尊格とラサの対応は、九種のラサを『サマーヨーガ』の基本をなす「六族」の主尊に配し、残りの三つを順次、釈迦牟尼、金剛笑、毘盧遮那に配当していることがわかる。このうち毘盧遮那は「勇健」と「寂静」で重複するから、不空は前者の「勇者である如来」をただの「毘盧遮那」、後者の「永遠なるブッダ」を「瑜伽中毘盧遮那」として区別したものと思われる。

不空と『サマーヨーガ』の指摘する尊格は、金剛薩埵、毘盧遮那、釈迦牟尼の三者で、完全に一致した。また『金剛頂経』では金剛光と金剛日は同躰とされ、『理趣広経』と『サマーヨーガ』の関係から見れば、ヘールカは降三世《ごうざんぜ》、蓮華舞自在は観自在の後身であるから、ヘールカを持金剛、蓮華舞自在を観自在、金剛日を金剛光とするのも無理はない。

いっぽう「奇特」に相当する尊格は、「続タントラ」ではアーラリであるが、古タントラ版では喜笑を表す間投詞「アララ」となっているから、金剛笑の訳も妥当といえる。唯一の難点は、不空がパラマーシュヴァを降三世とした点だが、これも『理趣広経』では羯磨部が未発達だったため、パラマーシュヴァ族がヘールカ族を改変して作られていることを念頭に置けば理解できる。

このように『十八会指帰』の記述と『サマーヨーガ』はよく一致しており、不空がインドから帰朝した八世紀中頃に、『サマーヨーガ』の原初形態が成立していたことは動かせない。これは現存するいかなる母タントラより早く、その記述は、母タントラの成立史を論じる上でも重要なのである。

七　主要な教理内容

つぎに『サマーヨーガ』の教理と実践体系について、主要なトピックごとに見てゆくことにしたい。

1　六族とヘールカ信仰

前述のように、『サマーヨーガ』のマンダラは六族からなっているが、その中で最も特徴的なのはヘールカ族である。そして『サマーヨーガ』以後、主要な母タントラは、すべてヘールカとその発展形態を主尊とするようになる。

ヘールカの起源については、『金剛頂経』の「降三世品」に、母天（マートリ）を鉤召《こうちょう》するために、ヘールカの真言が説かれるのが注目される。そこでは降三世明王が大自在天、すなわちヒンドゥー教の最高神シヴァを調伏した後、金剛界二十天と呼ばれる二〇尊のヒンドゥー教神を鉤召する真言を説き、最後に二十天后、つまり彼ら二〇の神々の妃である母天たちを鉤召する真言として、ヘールカの真言が説かれている。したがってヘールカは、シヴァ神の妃ウマーを頂点とするヒンドゥーの女神たちを調伏する役割を担っていたと推定される。

当初は降三世明王の変化形態として、母天を調伏するという特殊な任務を負っていたヘールカは、『サマーヨーガ』において、『金剛頂経』の金剛部に相当するヘールカ族の主尊となった。

このようにヘールカが後期密教で大発展を遂げるのは、主として調伏される側の母天に対する信仰が、ヒンドゥー教内で隆盛を迎えることと密接にかかわっている。すなわちヒンドゥー教神の妃を、男性神の精力（シャクティ）の顕現として崇拝するシャークタ派の興起がそれである。

そこで母天を調伏する役割を担ったヘールカも、周囲に女神たちを配するマンダラに、主尊として座を占めることとなった。そしてこのとき、主尊ヘールカの周囲に侍る女神として選ばれたのは、髑髏の首飾りや、蛇の装身具、人皮などを身にまとった、おどろおどろしい姿のダーキニーと呼ばれる女神たちであった。

ダーキニーたちは、胎蔵曼荼羅の外金剛部《げこんごうぶ》にはじめて出現するが、本格的にマンダラに登場するのは『理趣広経』「真言分」からであり、『サマーヨーガ』を経て、後期の母タントラにまで継承される。このような悪魔的な図像は、ヒンドゥー教のタントラにも多数出現するので、母タントラが、中世インドの民間信仰から受け継いだものと思われる。

2 ダーキニー信仰

その正式名称に「ダーキニージャーラ」（拏吉尼網《だきにもう》）の語が含まれることからもわかるように、ダーキニー信仰は『サマーヨーガ』の主題の一つとなっている。

現在も中世の面影を残すネパールのカトマンドゥ盆地では、都市の周囲に「尸林《しりん》」があり、地主の女神が祀られている。これらは本来、民間信仰に基づくものだが、ヒンドゥー教徒は、「尸林」の女神たちを、シヴァ神の妃カーリーやドゥルガー、またその配下の母天たちと同一視している。

そして中世のインドでは、「尸林」の女神は巫女によって祀られていたらしい。彼女たちは、祀堂《しどう》に祀られる女神の供養を主たる任務としていたが、しばしば「尸林」を舞台に、そこを訪れるヨーガ行者と性的な関係をもったり、死体や血液を用いる黒魔術的な秘儀を行ったようである。彼女たちは、後述する性瑜伽《せいゆが》の技法に長じているところからヨーギニー（瑜伽女《ゆがにょ》）、また黒魔術的な秘儀によって霊力を獲得したところからダーキニー（拏吉尼）とも呼ばれた。

ダーキニーの語義は、「空行母」であるといわれる。そしてダーキニーの語源解釈において、しばしば言及されるのが『サマーヨーガ』「続タントラ」の第一章第七偈「ここでいう《ダー》とは空中を歩く（という意味のもの）として仮構された（サンスクリット文法上は存在しない）動詞語根である。一切の虚空を行くという悉地《しつじ》を得た女性が、ダーキニーといわれる」である。

いっぽうダーキニーは、尸林に出没し、そこに放置された死体の肉を喰らう怖ろしい女神とも考えられた。そこで『サマーヨーガ』は、仏教に敵対する者たちを、ダーキニーの霊力で打ち破る調伏のタントラとも考えられた。敦煌出土のチベット語密教文献には、調伏法の典拠として「極悪非道の者は、柔和［な姿］をもってしては利益できない」という一句が、しばしば引用されるが、これも「続タントラ」第九章に現れる常套句である。

いっぽう「秘密集会」聖者流の『二十儀軌』には、儀礼を妨害する魔を調伏する「辟除」の儀礼が説かれている。そこでは『吉祥サンヴァラ』所説の儀軌によって障碍《しょうげ》を浄めるべきであると説かれ、その後、「続タントラ」の末尾を飾る第一〇章の第一六〜一七偈が引用されている。

このように『サマーヨーガ』は、性的な要素を導入した「楽」とともに、仏教の敵対者を強制的に服従させ、場合によっては死に至らしめる調伏を、その大きな特徴としていたことがわかる。

なお、「タントラ類の深い密意を知らず、すべてを語義通りに解釈して、ジョル（性行為）やドル（呪殺）などの、種々の粗野な悪法を行じた」とは、吐蕃時代に伝播した古密教に対して、後世の仏教史家が与えた評価である。そしてこのような悪評は、主として「マハーヨーガ十八

3　カトヴァーンガを肩に掛け、カパーラ（髑髏杯）とカルトリ刀を手にするダーキニー　チベット

大部」の内容を要約したされる『サンワイニンポ』と関連づけられてきたが、「十八大部」の身密の根本タントラとされる『サマーヨーガ』にも当てはまる。

しかし『サマーヨーガ』が『サンワイニンポ』ほどの悪評を受けなかったのは、このタントラのインド成立が疑いようがなく、八世紀から九世紀にかけてのインドで、真正のタントラとして広く流布していたからと推定される。

3 九味とラサ論

六節で見たように、『サマーヨーガ』はラサ論を取り入れている。ここでは、舞踊の概念であった九種のラサが、密教に取り入れられた理由を考えてみよう。

ヒンドゥー教では、世界の創造と破壊は最高神シヴァの舞踏にたとえられる。そしてカシュミールのシヴァ派を大成したアビナヴァグプタは、タントラにラサ論を導入したことで知られる。『サマーヨーガ』の成立年代は、アビナヴァグプタより若干早いが、『サマーヨーガ』のラサ論がヒンドゥー・タントラの影響を受けたことは想像に難くない。

なおインドラナーラは、六節で検討した「続タントラ」第九章第二一九～二二一偈について、「これらの都部マンダラは、大持金剛自身の身口意の九種の舞踏から生じたものである」と述べている。

このように『サマーヨーガ』では、根本仏（大持金剛）の舞踏の九種のラサに対応する九尊が説かれた。ところが『サマーヨーガ』には六族しかないので、九尊を中心とする都部マンダラを構成するには無理があった。フーンカーラが都部マンダラの四隅に四種法のマンダラを配したのは、羯磨部に対応するパラマーシュヴァ族を四種法に分けたとも考えられるが、九種のラサに対応する九族の都部マンダラを構成しようとしたとも解釈できる。

いっぽう『サマーヨーガ』以後の母タントラに目を転じると、『ヘーヴァジュラ』『サンヴァローダヤ』では、ヘールカの観想において九種のラサがしばしば言及されているのを見ることができる。しかしこれらの母タントラでは、ヘールカ以外の部族とラサを結びつける解釈は、ほとんど見られない。

『サマーヨーガ』のように、九種のラサを九尊に配当する場合、ヘールカが象徴するのは悲（カルナー）のラサのみであるが、後の母タントラではヘールカ一尊に九種のラサを具すというように、解釈が変更されたのである。

これはヘールカが「踊る尊格」であることと無関係ではない。またこの事実は、母タントラにおいてヘールカが、ヒンドゥー教のシヴァに相当する最高神の地位を確立していったことと関連している。しかし仏教では、ヒンドゥー教のように最高神による世界の創造と破壊を認めない。世界の生成と消滅は、最高神の遊戯ではなく、自然の摂理によるというのが仏教の基本的立場である。

そして後期密教における最高の密教仏と世界の生成と消滅という問題は、インド密教の最後を飾る『カーラチャクラ・タントラ』に至るまで、仏教が解決すべき重要な課題となるのである。

4 性的な灌頂儀礼

後期密教が、日本の仏教学界において永らく敬遠されてきた理由の一つは、その過度なまでの性的要素の導入にある。仏教は古来、輪廻転生からの解脱を標榜していた。そのため解脱を求めて修行する出家者は、輪廻転生を再生産する性行為を行うべきでないとされたのである。

ところが大乗仏教の思想が発展すると、何人の衆生が悟りを開いて輪廻の世界を脱しても、衆生の総数は減りもせず、増えもしないと考えるようになった。その場合、衆生は永遠に仏を育み、産み出す母胎のようなものであるから、「如来蔵《にょらいぞう》」と呼ばれた。そして菩薩は、衆生を救済するため、涅槃に入らず、あえて輪廻転生の世界にとどまるとする「大悲闡提《だいひせんだい》」の思想が生まれた。

そこで『理趣経』では「一切衆生は如来蔵である」（有情加持の法門）、「最高の勇者たちは、この輪廻の世界に留まるかぎり、涅槃に赴くことなく、無比なる衆生の利益を計ることができる」（百字の偈）と説いた。

このような思想においては、輪廻転生は一概に否定されるべきものではなく、むしろそのプロセスを浄化することが重要だと考えられた。『理趣経』が「十七清浄句」で、愛欲充足のプロセスを浄化するという譬喩を用いて、菩薩の境地を説いたのもそのためである。

ところが後期密教では、譬喩としての愛欲ではなく、実際に女性のパートナーを用いた性的な儀礼が導入された。しかもそれらは『大日経』『金剛頂経』に説かれた、国王の即位儀礼に範をとる厳かな灌頂の後に置かれ、究極の奥義の伝授とされるようになった。

後期密教では、中期密教の灌頂儀礼を継承する①瓶《びょう》灌頂に、性的な要素を導入した②秘密灌頂③般若智《はんにゃち》灌頂と、言葉のみによる④第四灌頂の三種を加えた、四種灌頂を立てる。このような儀礼の導入については、最近になって、いくつかの興味深い事実が判明した。

まず後期密教独特の②秘密灌頂の原型は、すでに『サマーヨーガ』の「続タントラ」(第六章第一五〜一六偈)に説かれていることがわかった。以下にその原文を示そう。

> 大赤に樟脳を混ぜ、赤栴檀を混ぜたものを集会の中に置き、左には標幟《ひょうじ》を握り、金剛杵を伴い、本尊のヨーガをした者が、薬指と親指の先で、水を瓶から飲むように嘗めるならば、常恒の悉地を得るであろう。

このうち《樟脳》というのは精液、《赤栴檀》は女性の経血の隠語である。そして驚くべきことに、『サマーヨーガ』に先行する『理趣広経』の真言分（チベット訳）にも、これとほぼ同文の二偈が現れることが判明した。

また精液を薬指と親指の先に摘んで授けるという、儀礼の意義から見れば些末な規定が、これ以後の多くのテキストに共通して見られるのは、土着宗教に由来する伝統を踏襲したものと推定される。

『理趣広経』は、この一節を灌頂と結びつけてはいないが、「最も秘密なる金剛瑜伽のダーキニーたちの最も秘密なる真実」の後に説くことから、この特異な儀礼を、母天とダーキニー信仰から取り入れたものと思われる。

なお『サマーヨーガ』では、四種灌頂を①瓶灌頂、②秘密灌頂、③般若智灌頂、④第四灌頂ではなく、①外灌頂、②内灌頂、③秘密灌頂、④大秘密灌頂の四種とするが、このうち④大秘密灌頂の内容は、後期密教一般の③般若智灌頂に酷似している。

そしてククラージャは、『サマーヨーガ』の四灌頂について、つぎのように述べている。

外と内と秘密と大秘密の、四つの妙なる灌頂は、他のあるタントラにおいて、瓶と、秘密と般若智と、大楽《だいらく》の第四といわれているもの［と同じ］であって、その意味は本質的に等しい。

このコメントは、『サマーヨーガ』で究極の奥義とされる大秘密灌頂は、大楽を授けるものであり、後期密教で一般的になる《言葉のみによる》第四灌頂はいまだ成立していなかったか、少なくとも一般的ではなかったことを暗示している。これは後期密教を特徴づける性的な灌頂儀礼が、どのような経緯で導入され、どのように発展していったかを知る上で、重要な示唆を与えるものである。

5　サンヴァラの語義

前述のように、このタントラは当初、『サマーヨーガ』ではなく『サンヴァラ』の名で広く知られていた。つまりサンヴァラこそ本タントラの主題であり、それが後のサンヴァラ系タントラに、継承されたと見ることができる。

それならばサンヴァラとは、何を意味するのだろうか。チベットでは、サンヴァラを通常「デムチョク」（最高の楽）と訳すが、「ドムパ」（戒）と訳す場合もある。また『十八会指帰』でも「拏吉尼戒網」と、「戒」の字が当てられている。

このようにサンヴァラとは、本来は密教の行者が守るべき禁戒の意味であったが、母タントラでは、これが「最高の楽」を意味する術語に転じたのである。そして『サマーヨーガ』の「続タントラ」では、「シャンとは楽を意味し、一切如来の大楽である。一切の幻術とよく瑜伽する最高の楽であるから、サンヴァラである」(第一章第一〇偈)と説かれる。

密教が興起した頃のインド東北部では、サとシャに音韻的差違がなくなっており、サンヴァラ(禁戒)は、シャンヴァラとあい通じるようになっていた。そこでサンヴァラを、シャン(楽)とヴァラ(最高)の合成語と解して、母タントラの中心概念である「最高の楽」を意味する術語とするようになったのである。

そして大注釈は、ここにおけるサンヴァラとは、前述の四種灌頂において、女性のパートナーとグルの教誡によって体験される「楽」であると解釈している。それならば、どうして禁戒が「最高の楽」とされたのだろうか。

『サマーヨーガ』は、性快感を極大にまで高める生理学的ヨーガを、後の母タントラのように明確には説いていない。しかし射精は離欲の辺であるとの思想はあり、射精を抑制しつつ、性快感を持続させるテクニックは、すでに存在していた可能性が高い。したがって射精を禁戒(タブー)とすることがサンヴァラ(最高の楽)であるとの含意で、母タントラの中心思想である「サンヴァラ」が導入された可能性は考えられる。

もしこれが事実ならば、『サマーヨーガ』は、性快感を高める生理学的ヨーガに道を開いた点でも、母タントラの先駆者といえるであろう。

八　まとめ

これまで見てきたように、『チベット大蔵経』に収録される『サマーヨーガ・タントラ』は、九世紀以後爆発的に発展する母タントラの先駆的文献と考えられる。ここで紹介した種々の事実から、その流行は、八世紀後半から九世紀にかけてであったと推定される。

さらにこのタントラには、後期の母タントラの特徴をなす生理学説や、それに基づく性瑜伽についての記述も明確でない。

また、「自身を立てて本尊瑜伽と為し、身外に形像を立てる瑜伽者を訶むる」といいながら、実際には六族の諸尊について、きわめて煩瑣な尊容、真言、三昧耶《さんまやぎょう》形の体系を説いている。これらの事実は、このタントラが母タントラの中では成立が古く、過渡的な存在であることを示すものと見られる。

いっぽう、このタントラが『理趣広経』の延長線上にあることは、母タントラが、『理趣経』の思想と土着宗教の混淆によって成立したことを暗示している。近年、ヒンドゥー・タントラの研究が進展するにつれ、ヒンドゥー教シヴァ派（とくにシャークタ系）のタントラと母タントラの関係が明らかになってきた。しかし母タントラの起源を解明するためには、その最初期の文献である『サマーヨーガ』に遡って、研究を進められなければならない。

『サマーヨーガ・タントラ』は、サンスクリット原典が残存していないため、しばしば研究者からも看過されてきたが、『理趣経』系の中期密教から後期密教の母タントラへと一歩を踏み出した、記念碑的な密教聖典といえるのである。

［付記］　本書刊行後の二〇一三年に、アルロ・グリフィス氏が、コレージュ・ド・フランスの図書館に保管されていたシルヴァン・レヴィ蒐集の写本の中から、『サマーヨーガ・タントラ』の貝葉写本を発見した。この写本は現在、グリフィス氏に加え、ピーターダニエル・サント、アレクシス・サンダーソン三氏によって校訂作業が行われているが、いまだテキストは刊行されていない。いっぽうサールナートのチベット大学からは、ネパール国立公文書館に所蔵される紙写本（一部欠）に基づく、デーヴァナーガリー版（二〇一八年）が刊行された。この写本は従来、誤ったタイトルで登録されていたため、誰も『サマーヨーガ』の写本であることに気づかなかったものである。このように世界各地で『サマーヨーガ』の研究が進展しつつあるが、今版では本文を大幅に変更することができないので、新事実の発見のみを報告し、それについての詳細は、後日別稿を期したい。

2 『ヘーヴァジュラ・タントラ』

聖と性の饗宴

森 雅秀

一 成就者

インドで密教が流行していた時代には、数多くの在野の修行者たちがいた。彼らは世俗の人々と交わりながら暮らし、単独で、あるいは弟子たちとともに悟りを求めて修行した。この場合の悟りとは、涅槃や解脱よりもむしろ、空中を飛翔することや、はるかかなたを見通せること、人々を思いのままに操り、場合によっては呪い殺すといった、超自然的な能力を指すことが多い。これらの能力は「成就すること」を意味する「シッディ」（悉地《しつじ》）と呼ばれ、彼ら行者たちも「成就したもの」すなわち「シッダ」と総称された。

シッダたちの行動や生涯を伝える文献に「成就者伝」がある。なかでも有名な『八十四成就者伝』には、タイトルどおり、八四人のシッダたちの簡潔な伝記が収められている。本書に含まれるシッダのひとりカーンハ（クリシュナチャーリン）に関する記述を簡単に紹介しよう。

カーンハはソーマプリー（現在のバングラデシュ、パハルプール）の書記カーストの出身で、ジャーランダラという人物に師事した。もともと、カーンハはソーマプリー僧院の比丘で、師僧から灌頂《かんじょう》、すなわち密教の入門儀礼を受け、ヘーヴァジュラ尊に関する教えにしたがって一二年間にわたって修行した。その結果、彼にはさまざまな「超能力」が身に付いた。

あるときは、世界が震動する中で、ヘーヴァジュラとその眷属《けんぞく》が出現し、またあるときは石の中に足が沈み込んだり、空中歩行することができた。さらには天空に傘蓋《さんがい》と太鼓が出現し、太鼓は自然に音を発した。これらの能力を会得したカーンハはシッディを得たと思い、ランカー島まで海の上を歩行しようとしたが、自分の力への慢心が生じたとたんに海に沈んでしまう。師ジャーランダラが空中に現れ、別の地にいる彼の弟子のひとりに師事するように命じる。

ジャーランダラがすすめた弟子は織物職人で、ようやくそこにたどり着いたカーンハとその弟子に対して、この人物は奇妙な修行を命じる。彼はカーンハを墓場に連れていくと、死体の肉を食べよという。カーンハは手にした包丁で死体の肉を切って、さらにオオカミに変身してその肉を食べた。

次に織物職人は大便を球状にしたものを三つ作り、そのうちのひとつをカーンハに食べよと命じたが、彼はこれを拒んだ。そのため、ひとつは織物職人が食べ、残りのひとつは神々が、ひとつはナーガたちが持って行った。さらに、織物職人はわずかな金で酒と食べ物を買い、カーンハに対して「ガナチャクラ」という饗宴を行うことを告げる。カーンハは三千人の弟子とともにこれに参加したのであるが、わずかな量の酒と食べ物であるはずなのに、一週間かかっても食べ尽くせなかった。

これらの修行法をいぶかしく思い、カーンハたちはここを去ることを決めると、織物職人は彼らに「方便と般若が分かれてしまっているヨーガ行者には悟りはない」という趣旨の詩を詠んで、その未熟さをたしなめたが、カーンハたちはそれを聞き入れなかった。

その後、カーンハは別のところで、ある少女と呪術比べのようなことを行い、その結果、瀕死の状態となる。彼はバンデーという名の「ダーキニー」に命じて、南方の山にある妙薬をとってくるよう依頼するが、彼女は途中で、敵の少女の策略で薬を失ってしまう。結局、カーンハはその後、七日間にわたって弟子たちに教えを授けた後、肉体から離れ、「虚空を行くもの」になったという。

『八十四成就者伝』が伝えるカーンハ、すなわちクリシュナチャーリンは、インドの密教史上、さまざまな伝承の中に登場する行者の名で、ひとりではなく同一の名称をもつ複数の人物がいたと考えられている。しかし、クリシュナチャーリンの名は『ヘーヴァジュラ・タントラ』に対する重要な注釈書のひとつ『ヨーガラトナマーラー』(ヨーガの宝環)の著者として知られ、ヘーヴァジュラの教えを受けたこの伝記の主人公も、その同一人物と見なされている。

この伝記にはさまざまな修行法が登場する。はじめに彼が身につけた超能力のうち、ヘーヴァジュラとその眷属が出現するのは、密教の実践法としてはめずらしいものではない。特定の尊格を瞑想の中で出現させる方法は、初期や中期の密教経典でもしばしば見られる。しかし、成就者伝はこのような仏の出現を「劣ったシッディ」と位置づけ、行者に慢心を起こすものと戒めている。そして、それよりもすぐれた方法として、織物職人が示した死体の肉の摂取、大便からできた丸薬の服用、そしてガナチャクラと呼ばれる饗宴をあげている。これらに拒否反応を示したカーンハには、「般若と方便が別になったもの」という批判を加えている。

死に至るエピソードには「ダーキニー」と呼ばれる女性が登場する。彼女はカーンハのために妙薬を取りに虚空を飛来して帰ってくるような特殊な能力を備えているが、カーンハの重要なパートナーであった。ダーキニーとは後期密教のさまざまな経典に登場する女性の修行者や神々の総称で、チベットでは「カンドーマ」(虚空を行く者)と翻訳される。

単に仏を瞑想し、その姿を見ることだけの修行を低レベルのものと見なし、猥雑で場合によっては反社会的な修行法をそれよりもすぐれた実践と位置づけるこの物語は、われわれの目には奇異にしか映らない。しかし、このような方法を実際に説き、それによって「悟り」を求めた人々が、インド後期密教の時代にはたしかに存在した。そして、彼らにとって最も重要な経典のひとつが『ヘーヴァジュラ・タントラ』であった。

二 『ヘーヴァジュラ・タントラ』とは

1 ヘーヴァジュラ尊

『ヘーヴァジュラ・タントラ』はインド後期密教の母タントラ系の代表的な経典である。ヘーヴァジュラとは尊格の名称で、この経典の主役として、聴衆である菩薩や女尊たちにむかって教えを説く。ヘーヴァジュラという名称は「ヘー」と「ヴァジュラ」の二つの部分からなり、前半の「ヘー」は呼びかけの言葉、後半は「金剛」の意味である。そのため「呼金剛」や「喜金剛」と漢訳されることもあるが、一般にはそのままカタカナで呼ぶ。経典の中では「ヘー」は大悲を、「ヴァジュラ」は般若を表すという解釈が示されているが、これは後から加えられた教理的な意味にすぎない。

「ヘーヴァジュラ」という名称は「ヘールカヴァジュラ」の略称と見た方が適切である。ヘールカとは母タントラの先駆経典である『サマーヨーガ・タントラ』などから登場する忿怒尊で、のちには母タントラ系の主要尊の総称となる。サンヴァラ、ブッダカパーラ、マハーマーヤーなどは、いずれもヘールカとよばれる。ヘーヴァジュラも代表的なヘールカである。

尊格の観想法を説く成就法文献には、ヘールカに関する観想法が含まれるが、その場合のヘールカは、総称ではなく本来の狭義の名称である。それによれば、ヘールカは一面二臂をそなえ、右手に金剛杵、左手にカパーラ（頭蓋骨の杯）を持ち、さらに左手にはカトヴァーンガ（髑髏を先端に付けた杖）をかかえる。足の下には死体を踏みつけているが、右足をあげ、左足のみで立ち、舞踊のポーズを取る。髪の毛は炎のように逆立ち、三眼、忿怒の相をもつ。額には自身の部族主である阿閦《あしゅく》の小像をいただくこともある。肩からは人間の生首をつないだ環をかけ、身体には灰を塗ることも、重要な特徴としてあげられている。

このようなイメージはヒンドゥー教の神であるシヴァと重なり、仏教側がそれを模倣していることは明らかである。かつて密教が栄えた地域からは、かなりの数のヘールカ像が出土しているが、そこに見られる図像的な特徴は、成就法文献などの記述にほぼ忠実である（図1）。

ヘーヴァジュラはヘールカのイメージを継承しつつ、さらに複雑なものへと発展させている。ヘーヴァジュラを主尊とするマンダラを説く一二世紀の文献には、一面二臂、一面四臂、三面

1　ヘールカ像　インド／バングラデシュ国立博物館蔵

六臂、一面一六臂の四種のヘーヴァジュラが説かれる。このうち、最後の一面一六臂のタイプが、ヘーヴァジュラの代表的なイメージとして定着する（図2）。

一六本の腕にはすべて血があふれたカパーラを持ち、右手には動物、左手にはヒンドゥー教の神々をそこに入れる。足は四本に増え、舞踊のポーズを取る二本以外は展右《てんう》（左膝を曲げ、右足を反対側に伸ばす姿勢）である。

このようなイメージはチベットのタンカや白描図でしばしば見ることができるが、インドでも若干の出土例がある（図3）。なお、ヘーヴァジュラは明妃《みょうひ》を抱いた姿をとり、明妃の名称は上記の四つのタイプでそれぞれ異なる。一面二臂と一面一六臂の場合はナイラートミヤー（無我女）、一面四臂はヴァジュラヴァーラーヒー、三面六臂はヴァジュラシュリンカラーとなる。

2　経典の概要

『ヘーヴァジュラ・タントラ』にはサンスクリット語の原典、チベット語訳、漢訳テキストのいずれもが現存している。経典名はサンスクリット写本には含まれないようで、チベット語訳テキストの冒頭に「ヘーヴァジュラ・タントラ」の名称が現れ、さらに奥付には「三二儀軌《ぎき》から取りだした二つの儀軌からなる吉祥ヘーヴァジュラ・ダーキニージャーラサンヴァラであ

2　ヘーヴァジュラ　ラダック／サスポール石窟壁画

るタントラ王」という名称もある。

「ダーキニージャーラ」（ダーキニーの網）というのは、初期の母タントラ系の文献の名称としてしばしば見られるもので、ダーキニーたちのグループを指す。これに続く「サンヴァラ」も「サンヴァラ・タントラ」の名で知られるように、母タントラ経典の中で、この名称をもつものが一群を形成している。ただし、サンスクリット写本には、これらに相当する経典名が含まれないことから、もともと『ヘーヴァジュラ・タントラ』の正式名称であったかは明らかではない。

経典名として重要なのは、むしろ前半の「三二儀軌から取り出した二つの儀軌」である。『ヘーヴァジュラ・タントラ』がもともと三二儀軌で構成されていたことは、『ヘーヴァジュラ・タントラ』に対する各種の注釈者や、チベットの碩学プトゥンの著作でも言及され、広く知られていた。チベットでは『ヘーヴァジュラ・タントラ』という経典名よりも、むしろ「二儀軌」という略称で、この経典は呼ばれることが一般的である。

しかし、三二儀軌全体はもちろんのこと、現存するテキストよりも多くの儀軌を含むテキストも、あるいは異なる構成の異本も、現在のところ知られていない。しかも、三二儀軌に言及する注釈書では、全体は五〇万頌と紹介されているのに対し、プトゥンは一〇万頌と呼んで、全体量が一致しない。さらには、現行のテキストの二儀軌には約七五〇頌しか含まれないので、

3　インド出土の明妃を抱いたヘーヴァジュラ像　カルカッタ／インド博物館蔵

かりに少ない方の一〇万頌としても、失われた残りの三〇の各儀軌は、現存する部分よりもはるかに多くの偈頌を含んでいなければならない。

タントラ経典のみならず、大乗仏教以来、実際に流布している経典は、神話的な時代にその数十倍、数百倍の量をもっていたものから抄出したものであると、しばしば強調される。そのすべてがフィクションとはいい切れないが、幻の浩瀚な仏説があるという信仰は、現行のテキストに権威を与えるための常套手段だったのであろう。

『ヘーヴァジュラ・タントラ』の場合、この名称とともに引用文が他の文献で紹介されていながら、現行の二儀軌の中には同一パッセージが含まれないというケースがある。『ヘーヴァジュラ・タントラ』の名称をもちながら、すでに失われたテキストが存在していたことが予想されるのである。しかし、それが首尾一貫した内容をもつ三二儀軌で構成されていた可能性は低いであろう。むしろ『ヘーヴァジュラ・タントラ』の内容から判断して、この経典が成立した背景には、雑多な情報源が存在していたことが予想される。

そして、それは必ずしも母タントラのジャンルに限定されない。あるものは初期密教の時代の実践法や現世利益的な修法《しゅほう》であったり、あるものは『秘密集会タントラ』などの父タントラと共通の要素をもった文献であったり、さらにはヒンドゥー教の神々や哲学の体系、あるいはそのレベルにまで整理されていない民間信仰や俗信までもが想定される。

現存の二儀軌のうち、第一儀軌は「金剛蔵の現等覚《げんとうがく》」という名称をもち、一一章で構成され、第二儀軌は「大いなるタントラ王の幻」で、一二章からなる。それぞれの章の内容を見ると、ひとつの章の中にさまざまな内容が詰め込まれ、統一性を有していない場合がしばしばある。また逆に、連続する内容でありながら、その途中でひとつの章が終わり、次の章に続く場合もある。現在の偈頌だけでは、ほとんど意味を読みとれない部分も多く見られる。

全体を通して、未整理、未消化な印象を与え、広範かつ異質な内容を十分咀嚼できないまま、ひとつの経典として、無理やり仕立て上げられたというのが妥当なところであろう。経典の冒頭には「かくのごとく私は聞いた」という常套的な語がおかれているが、終結部分は第一儀軌、第二儀軌いずれも唐突な終わり方で、何ら総括的な内容は現れない。

二儀軌二三章がどのような順序で形成されたかも明らかではない。この中で最も整備された内容をもつのは、冒頭の第一儀軌第一章である。ここでは世尊が説法の聴衆の代表である金剛蔵菩薩に対して、金剛薩埵とヘーヴァジュラという名称の由来、タントラを説く理由、人間の身体にある三二の脈管《みゃくかん》（ナーディー）、四つのチャクラの紹介、そして経典の中で説かれるさまざまな主題が、いずれも四つの構成要素からなることなどが説かれている。おそらくここは、経典の中でも最も成立が遅れる箇所で、すでに残りの部分がある程度確立してから、その内容を整理し、要点を提示するような目的で準備されたのであろう。

『ヘーヴァジュラ・タントラ』には後期密教のタントラ経典としてはめずらしく、漢訳が残されている。宋代の法護による翻訳で、年代は一〇世紀後半である。漢訳の経題は「仏説大悲空智金剛大教王儀軌経」で、サンスクリット、チベットのいずれのテキストの標題とも一致しない。割注の形で「大幻化普通儀軌三十一分中略出二無我法」という経題も加えられているが、これもチベット訳の奥付にあった名称とは微妙に異なる。

内容的には梵蔵漢はいずれもほぼ同一の内容をもっているが、漢訳はしばしば難解な訳語を用いたり、意図的に内容を省略したりすることがある。このような特徴は『秘密集会タントラ』の漢訳テキストにも認められるが、それよりもさらに「過激」な内容をもつ『ヘーヴァジュラ・タントラ』では、その傾向はより顕著となっている。

『ヘーヴァジュラ・タントラ』のテキストと翻訳は、一九五六年にスネルグローヴによって発表されている。校訂上の問題は、発表当初からいろいろ指摘されているが、同書が母タントラや後期密教の研究のみならず、欧米における密教研究に大きな寄与をなしたことは事実である。その後、ファローとメノンによってあらたなエディションと翻訳、そして注釈書である『ヨーガラトナマーラー』から、関連箇所の翻訳を加えたものが発表された。すでに述べたように、この注釈書はクリシュナチャーリンに帰せられ、スネルグローヴ本にもそのサンスクリット・テキストが含まれている。

わが国でも『ヘーヴァジュラ・タントラ』については、津田真一をはじめ、頼富本宏、野口圭也、島田茂樹、田中公明らによって研究が進められてきた。全体の和訳は発表されていないが、いくつかの重要な章や、部分的な和訳はある。

三 混沌とした実践

1 さまざまな儀礼

『ヘーヴァジュラ・タントラ』は女性のパートナーを得て行う性ヨーガや、行者の身体の中にあるとされる脈管やチャクラを用いた実践、あるいはピータと呼ばれる巡礼地とそこで行われる密儀などが有名であるが、経典を通読すると、いまだ体系化されていないさまざまな実践法が、混沌としていることの方が印象に残る。このような実践法のいくつかを、経典のはじめから順に取り上げてみよう。

第一儀軌第二章には「マントラ」という章名が与えられ、実際にマントラの列挙が主題となっているが、それらの多くは特定の修法と結びついている。『ヘーヴァジュラ・タントラ』のほとんどはシュローカと呼ばれる韻文で書かれているが、この章のみは散文で書かれ、残りの部分との成立時期の違いを予想させる。

第二章のはじめにあげられているのは、バリと呼ばれる儀礼のマントラである。バリは一日の特定の時間帯や、大きな儀式の開始時や終了時に行われる儀礼で、精霊や餓鬼などを慰撫するための施食を中心とする。続いて、大日如来などの五仏、ヘーヴァジュラ、ヨーギニーたちのマントラが列挙され、さらに結界、降伏《ごうぶく》、遮止、追放、離間《りけん》、呪殺、鉤召《こうちょう》などの修法のマントラがあげられている。降伏から後は相手に死や災いをもたらす黒魔術的な修法であることが目に付く。

つぎに請雨法《しょううほう》と止雨法のマントラが儀礼の手順とあわせて示される。その方法は、インドの密教文献において、時代を問わず広く見られる雨乞いの儀礼で、この修法が密教行者にとって重要なものであったことがわかる。日本でも平安時代の密教僧は、しばしば勅命などによって請雨と止雨の修法を行っている。

第二章はさらに呪術的な儀礼のためのマントラがあげられる。すなわち、敵を撃退する法、諸天（ヒンドゥー教の神々）を撃退する法、敵を焼き殺す法、敵を吐瀉《としゃ》させる法、女性を誘惑する法、太陽と月を支配する法、紛失物を見つける法、そして最後に、象、虎、サイなどの動物を解き放すマントラが順に示される。最後のマントラは、これらの動物を使って敵を攻撃したり、自分の身を守ったりしたのであろう。

第一儀軌の最後の部分には、クルクッラーという女尊の成就法が説かれている。「フリーヒ」

という種子マントラから生み出され、身体の色は赤、四臂を備え、弓矢、青蓮華、鉤《かぎ》をそれらの手に持つ。この女尊の成就法を実修するだけで、三界はすべて自分の支配下になる。そのマントラを一〇万回唱えれば諸王が服従し、以下、唱える回数に応じて、庶民、夜叉、諸天などが意のままになるという。

クルクッラーはもともと敬愛法、すなわち、異性の心をとらえ、支配することを目的とした修法の主尊である。赤という身色は敬愛法固有の色として一般的であるし、手にする弓矢はキューピッドのそれと同じく、射られた相手に恋心を芽生えさせる。『ヘーヴァジュラ・タントラ』第一儀軌はこのクルクッラーの実践法を説いて終結するのであるが、これ以降のヘーヴァジュラ系の文献では、クルクッラーを主尊とするマンダラや、独立した儀礼文献などが生み出され、この尊の重要度が次第に増していく。

2 プラティシュターと護摩

『ヘーヴァジュラ・タントラ』第二儀軌はプラティシュターと呼ばれる儀礼の解説から始められる。プラティシュターの原義は「しっかり立てること」であるが、とくに尊像などを制作したときに安置し、開眼を行うための儀礼の名称として、インド世界では広く用いられている。仏像などの尊像に「魂を入れる」儀式と呼んでもよい。プラティシュターは尊像に対して行われる他にも、経典のような「聖なる書物」や、寺院や仏塔のような「聖なる建物」もその対象となる。いずれも単なる物質ではなく「聖なるもの」だからである。

『ヘーヴァジュラ・タントラ』のこの部分でも、金剛蔵菩薩の質問に対して、世尊が尊像や書物などのプラティシュターの方法を簡潔に述べる。すなわち、護摩《ごま》を焚《た》き、マンダラを描き、尊像の中に仏を招き入れ、花などの供物を供える。このようなプラティシュターの方法は、初期密教や中期密教の経典などにも見られ、『ヘーヴァジュラ・タントラ』成立の時代でも、その伝統にしたがっていたことがわかる。後世の文献では、弟子の入門儀礼である灌頂の影響を受けて、性ヨーガのプロセスを含む複雑なプラティシュターが説かれることもあるが、ここではまだそのような変化は見られない。

第二儀軌第一章の後半では、プラティシュターに続いて護摩の儀軌が説かれている。ただし、くわしい手順は述べられず、はじめに護摩の火炉の形態、大きさ、色、火の中に投ずる供物、火天アグニを招くためのマントラ、マンダラを描くために大地の女神に許可を求める偈頌《げじゅ》、火天を喜ばせるマントラ、そして最後に火天に供える供物に応じたマントラが簡潔に述べられている。儀礼の次第というよりも、備忘録的な記述で、具体的な手順は別に定められていたのであろう。護摩の場合、修法の種類が時代や文献によって異なるが、ここでは息災・増益・調伏の三種で、初期密教から行われた最も基本的な修法があげられている。これに応じた火炉の特

4　クルクッラー像　チベット／北村コレクション

徴も、スタンダードなものである。

3　死体を利用する

第二儀軌第六章には、尊像を絵に描いた画布についての説明がある。女尊（ヨーギニーたち）からの質問に対して、ヘーヴァジュラが答える形をとり、その組み合わせがこれまでの世尊と金剛蔵とは異なる。そして、第一儀軌では見られなかったような密儀的な要素が現れる。ヘーヴァジュラが説く絵画とはつぎのようなものである。

絵の具の容器には頭蓋骨から作ったカパーラを用い、絵筆には死体の髪の毛を使う。画布も同じように髪の毛を編んで作る。ひと気のないところで、新月の前夜に、裸で、人骨で作った装身具のみを身につけ、酒を飲み、不浄なものを食べながら描く。このとき、画家の左側には、若く美しい女性（ムドラー、印女）がはべっている。そして、このような絵を描くのは「われわれの伝統に属する者のみ」でなければならないと警告している。

これに続く第七章も、同じようなトーンで、経典を筆写する方法がヘーヴァジュラ尊によって説かれる。貝葉《ばいよう》（椰子の葉で作った筆写用の素材）に、最上の蜜から作ったインクと人骨のペンを用いて書き、携帯するときには髪の毛の中や腋の下に隠しておかなければならない。ふさわしくない者がこれを見ると、悟りが得られないばかりか、かえって害が大きいからであると述べる。排他的で黒魔術を隠れて行う秘教の集団の姿が、ここからは浮かび上がる。

四　毒によって毒を制す

1　汝、殺すべし

死体からとった骨や毛髪を道具として、絵や書物を作ることは、『ヘーヴァジュラ・タントラ』に見られる死体への異常なまでのこだわりの一部にすぎない。

第一儀軌第七章には、絞首刑になった死体や、戦死者の屍肉をとって食べることが説かれている。カーンハの伝記の中で、織物職人によって命じられた行である。さらに『ヘーヴァジュラ・タントラ』のこの箇所では、「七生人」という特異な人物の肉も摂取するようすすめられる。七生人とは人間として七回生まれ変わり、善根を十分つんだ人物で、自分の身体をヨーガ行者に捧げることで、修行を完成させるのである。

『ヘーヴァジュラ・タントラ』ではこのほかに第一儀軌第一一章にも七生人への言及がある。そこでは、このような人物は七つの影をもち、美しい声を発し、全身からは芳香を放っているという。また、注釈書によれば、ヨーガ行者たちがいんぎんに彼の身体を求めれば、みずから命を放棄するので、その死体から丸薬を作り、仲間たちに配分する。これを服用すると虚空を自在に飛ぶ能力が身に付くという。

刑死者や戦死者の死体からも丸薬を作り、服用することで、最高のシッディが得られることも注釈書は述べている。このような死体には特別の力が宿っていると信じられていたのである。刑死場が特別な空間で、そこに生える植物が魔力をもっているという信仰は、ヨーロッパでも広く見られる（マンダラゲの花など）。刑死や戦死といった、いわば現世から強引に引き離された死は、何らかの力をそこに残すと信じられたのであろう。

しかし、死体の肉を食べることは、社会通念上、認められない行為であることは、密教の時代のインドでも何らかわりはない。また、七生人の自発的な死についても、それを殺害することは、反社会的な行為であるばかりではなく、仏教においても最も重い破戒に相当する。

そのため、『ヘーヴァジュラ・タントラ』は殺人を肯定するために「慈悲」という考え方を導入する。慈悲がなければシッディは得られないし、慈悲さえあれば、いかなる悪行であっても許されるのである。そして、行ってはならないこと、食べてはいけないもの、考えたり口に出したりしてはいけないこと、喜ばしきことも喜ばしくないことも、いずれも存在しない。このように考えてヨーガ行者は、上記の屍肉を摂取せよと説く。

2　慈悲と空と如来蔵

宗教的な行為が世俗の倫理を超越しているという思考法は、それほど特殊なことではない。仏教でも大乗経典には、慈悲を前提とする行為を全面的に肯定する教えがしばしば登場する。しかし、それはあくまでも一切智をそなえた仏にのみ与えられた一種の特権である。全知全能の存在だからこそ、われわれ衆生の思慮を超えていることが許されるのである。

一方、『ヘーヴァジュラ・タントラ』では仏ばかりではなくヨーガ行者にも、このような行為が許されている。その場合、根拠となっているのは慈悲ばかりではなく、否定されるものは何も存在しないと強調する考え方、すなわち空《くう》の思想である。

このような立場は、『ヘーヴァジュラ・タントラ』の第二儀軌でも一貫しているし、さらにエスカレートしているようにも見える。

第二儀軌第三章では、世界は実在と非実在をはじめとするあらゆる二元的な対立を超越した存在であり、しかもすべてに遍在し、幻の形態をとると説かれる。その上で、世尊は金剛蔵菩薩に対して、徹底的な破戒を自らの言葉で命じる。すなわち、「あらゆる生類を殺戮《さつりく》せよ、嘘言を吐け、与えられざるものを盗め、他人の妻と姦通せよ」。そして、ヨーギニー（女性のヨーガ行者）たちの質問に答える形で、五根、五境、五蘊《ごうん》、十八処などの、仏教の基本的概念で、世界を構成するさまざまな要素が、本来、生じたものではなく、真でも偽でもなく、あたかも水に映った月のごとしと説く。これは、大乗仏教における空の定義を受け継ぐもので、破戒の正当化の根拠となっている。

さらに徹底化を図るように、世尊はあらゆる常識的な行為、あるいは仏教徒として守るべき行為にとらわれるなと説く。食べ物も飲み物も、与えられるものは何でも受け容れよ、物事の適不適を判断するな、沐浴や清めを行うな、マントラを唱えるな、苦行をするな、肉を食べよ、木や土で造った像を崇拝するな、あらゆる階層の人物に接触せよ、泥で身体を飾れ、墓場の花を髪に飾れ等々。

このような「悪行のすすめ」を説くためには、空の思想でも足りないと経典の作者は考えたのであろう。第二儀軌第四章では「毒によって毒を制す」という、以下のような理論が示される。

死をもたらすような毒があるとき、毒の性質を知る者は、他の毒をそれで消し去ることもできる。煩悩によって世界はとらわれているが、煩悩によってこそ世界は救済されるのである。世尊曰く、「強い毒を、その本性を知らずに普通の人間が飲めば、感覚を失ってしまうが、無知を捨て、真実を知る者は［毒によって］無知を滅することができる。同様に、解脱の方法を知り、ヘーヴァジュラの実践を行うものは、無明などにとらわれることも、無知などに縛られることもない」と。

この根拠となっているのは、あらゆる生類には仏となる性質が備わっているという如来蔵《にょらいぞう》思想であろう。われわれが輪廻にとらわれるのは、この仏としての性質が無知によって覆われているからにすぎないことが、このすぐ前の部分で説かれているし、後続の偈頌では、悟っていない者など本来存在せず、六道の世界にいるあらゆる生類、それは糞の中でうごめく蛆虫であっても、本来は永遠の至福に包まれているとまでいう。そして、仏陀というのは形をとって存在するものではなく、われわれの心こそが仏陀なのであると明言している。

五　性のオルギー

1　歌舞と飲食

タブーからの逸脱や、仏教徒として守るべき戒律の放棄としては、性行為を基本とするヨーガの実修こそあげられるべきであろう。このような性ヨーガは、父タントラ、母タントラの両者に現れるが、とくに『ヘーヴァジュラ・タントラ』は全体を通じて、その具体的な方法に関する記述が何度も現れる。

第一儀軌第六章は「実践の章」という名称をもち、つぎのような特異な行を説く。

ヨーガ行者は各種の装身具や衣装を身につけ、ヘールカのヨーガを実修する。それによって、ヨーガ行者はヘールカそのものとなり、さらに装身具や衣装を身につけることで、ヘールカ自身に扮する。実践は夜に行われ、「木が一本だけ立っているところ、墓場、母の家、喜びの家、ひと気のない郊外」が選ばれる。そこで、金剛部から若い女性を選び、実践のパートナーとする。金剛部とは金剛の部族の意味で、仏教のすべての尊格を五ないし六のグループに分けたうちのひとつである。ヘールカやヘーヴァジュラはその主尊である。そして、この実践に関与する者たちも、仏の部族に配分されたのである。選ばれた若い女性は、美貌をそなえ、大きな青蓮華のような目をし、みずから灌頂を済ませている。この場合の灌頂とは、後述する生起次第《しょうきしだい》の瞑想によって、みずからが特定の尊格となっていることを表す。

ここではヘールカのパートナーにふさわしいナイラートミヤーなどの女尊が選ばれるのであろう。そして、そのためにはこの女性に「菩提心《ぼだいしん》」が植え付けられていなければならないが、それは男性の行者、すなわちヘールカの精液によって象徴される。

このような女性パートナーを得たヨーガ行者は、金剛の歌を歌い、舞を踊る。それによって、歓喜が生じ、それが解脱の因となるからである。『ヘーヴァジュラ・タントラ』の作者は、歌はマントラを唱えることで、舞は瞑想に等しいと述べる。そして、つねに歌舞をなし、薬草を食べ、水（あるいは特殊な液体）を飲めば、彼には死も老いもおとずれないと説く。

第二儀軌第七章の後半は、ヘーヴァジュラとなったヨーガ行者を中心とした饗宴の様子が説明される。

山の洞窟やひと気のないところで、死体や虎の皮などを用いて座をしつらえる。そこにヘーヴァジュラであるヨーガ行者が座り、まわりの八方には女性のヨーガ行者たちが坐る。これはヘーヴァジュラと八尊のダーキニーからなる九尊のマンダラを再現したものである。ここで彼らは特別な肉や薬草を食べ、酒を飲む。酒はヨーガ行者の弟子たちによって、カパーラに入れて献上される。

このような歌舞や飲食の儀礼は、秘密結社的な集団儀礼として行われたらしい。第一儀軌第七章には、儀礼に参加するための「チョーマー」と呼ばれる秘密のサイン（身ぶり）が説かれている。親指を見せるものに対して、「よく来た」ということを人差し指と中指の二本を立てて示す。そして、相手の左の親指を押すことで、認証したことを伝え、相手が薬指を示せば小指を示すなど、野球のブロックサインや手話のように交互にチョーマーを交わしていく。

また、会合に参加する者たちは、独特の隠語（saṃdhyābhāṣā 文字通りには「黄昏の言葉」）も用いた。これは第二儀軌第三章に列挙されている。「愛情」は酒、「力」は肉、「樟脳」は精液、「蓮華の器」はカパーラを表すことなどがあげられ、最後に「ボーラ」は金剛杵、「カッコーラ」は蓮華という対応も示されているが、この二つはさらに男性器と女性器を表す語でもある。このような隠語を正しく使わなければ、ヘーヴァジュラによって灌頂されたものであっても、そこで得た力を失ってしまい、あらゆる災厄に襲われると述べる。

『ヘーヴァジュラ・タントラ』はこのような秘密の集会が、定期的に、かつ、いくつかの所定の場所で行われてことも伝えている。時期については、満月から新月に向かう八日目と一四日目の夜が指定され、場所として二四の地名があげられている。これらの地名はピータと呼ばれ、さらに一〇のグループにまとめられている。二四のピータの中にはオッディヤーナやシンドゥ、ナガラのような実在の聖地の名称も含まれるため、巡礼地として一種のネットワークを形成していたといわれることもあるが、なかには「大海の岸辺」や「池のほとり」のように、漠然とした地名も含まれている。

実際の集会のための拠点が複数存在し、ヨーガ行者たちがそこを遍歴したことは推測されるが、二四のピータを実際に回ったかどうかについては確証がなく、むしろ経典作者の理想として、名称が列挙されたと考えるのが妥当であろう。ただし、これらの二四のピータは母タントラの中ではサンヴァラ系の経典に受け継がれ、さらに整備されていく。そして、行者の身体内に「内なるピータ」を作り出し、一種の内観行法へと発展するのである。『ヘーヴァジュラ・タントラ』はその原初的な経典に位置づけられる。

2　性ヨーガと灌頂

さて、ヨーガ行者と女性たちの集会が歌舞と飲食だけではなく、性ヨーガをともなうものであったことは、『ヘーヴァジュラ・タントラ』の中のさまざまな箇所で言及されている。たとえば、第二儀軌第五章には、ヘーヴァジュラ・マンダラを地面に作った後で、つぎのような儀礼を行うことを説く。

マンダラの場に歓喜にあふれた八人の女性たち（vidyā 明《みょう》）を招き入れる。彼女らは一二歳あるいは一六歳で、首飾りや腕輪で美しく飾られている。ヨーガ行者は彼女らを抱擁と接吻で供養する。彼は樟脳（＝精液）を口に含み、それをマンダラの上に散布する。女性たちにも飲ませれば、すみやかに彼はシッディを得る。酒や肉も摂取する。ヨーガ行者は女性たちの衣を取り去り、裸にして、女性器に何度も接吻する。彼女らはお返しに、歌を歌い、最高の踊りを舞う。ボーラ（＝男性器）とカッコーラ（＝女性器）によって、遊戯がなされる。この後、弟子の灌頂が真夜中に行われる。

この弟子に灌頂については、第一儀軌第一〇章につぎのように解説される。

マンダラが準備された後、五つの部族から選ばれた女性たち、あるいは一六歳の女性が登場する。シュクラ（白きもの）すなわち行者の精液を保つ。女性と弟子（ここでは「印女」と「方便」と呼ばれる）はいずれも目隠しをして、行者は彼女が保ったシュクラを弟子の口に投ずる。

もともと灌頂は弟子の入門儀礼として、初期密教より行われてきた重要な密教儀礼である。仏の智慧を象徴する灌頂水がそそがれることで、弟子には仏となる自覚が生じる。しかし、後期密教ではこのような伝統的な灌頂を瓶《びょう》灌頂として低位におき、秘密灌頂、般若智灌頂、第四灌頂という後続の三種の灌頂を加えた。これらは後述の四種の歓喜《かんぎ》に対応し、さらに男女が接触する四種の方法にも対応する。すなわち、ほほえみを交わすこと、見つめ合うこと、抱擁すること、性交することで、灌頂のレベルが進むにつれて、男女の身体的な結合がエスカレートしていく。

この対応は『ヘーヴァジュラ・タントラ』第二儀軌第三章に示されているが、それに続く段落では、灌頂の具体的な方法も説かれている。概略は前述のものと同じであるが、印女の女性器から取り出された精液が弟子の口に投じられた後、弟子自身も印女と性ヨーガを実修し、阿《あ》闍梨《じゃり》（ヘーヴァジュラであるヨーガ行者）に対して、賛嘆の言葉を発する。この部分は般若智灌頂に相当し、その前段階は秘密灌頂にあたる。『ヘーヴァジュラ・タントラ』では第四灌頂は儀礼のプロセスとしては明確には言及されず、阿闍梨への飲食物や花、香による供養がこの後で説明される。

3　般若智灌頂と神話

弟子の入門儀礼である灌頂に性ヨーガが導入されたことについて、『ヘーヴァジュラ・タントラ』は一種の神話的なモデルがこのような儀礼の背景にあったことを示唆している。

第二儀軌第五章で、先述の灌頂を説いた少し後に、世尊がナイラートミヤーの質問に答える形で、女性を引き寄せることのできるマンダラとマントラを説く。それによって、まずティローッタマーという女神がその場に引き寄せられ、さらにあらゆる女性も同様になるという。『ヘーヴァジュラ・タントラ』の中の世尊の言葉によれば、引き寄せられたティローッタマーは、金剛蔵菩薩に対して灌頂を与えることになっているが、金剛蔵菩薩は実際の儀礼では、灌頂を受ける弟子に相当し、後世のインドやチベットの注釈書によれば、女性による灌頂の授与である般若智灌頂の原型と見なされている。

ティローッタマーというのはヒンドゥー教の神話に登場する絶世の女神の名である。しかもこの女神は、二人の魔神（asura 阿修羅《あしゅら》）によって苦しめられていた神々のために、梵天が策略を練り、巧芸神ヴィシュヴァカルマンに命じて作らせた人工の女性であった。神々の期待通り、この女神をめぐって二人の魔神は仲違いをし、たがいに殺し合うことになる。

『ヘーヴァジュラ・タントラ』に説かれるマントラやマンダラは、異性の心を誘惑する敬愛法の域を出るものではないが、灌頂が性ヨーガをともなうようになる背景に、このようなヒンドゥー教の神話が意識されていたことは興味深い。すでに見たように、『ヘーヴァジュラ・タントラ』には初期密教以来の現世利益的な修法が多く見られるが、その中でも敬愛法がとくに重要な位置を占めていたことも、これに関連するのかもしれない。

六　瞑想と歓喜

1　生起次第

無上瑜伽《むじょうゆが》タントラの瞑想法は、生起次第と究竟《くきょう》次第の二種が基本となることが多い。前者は行者が尊格を生起させ、これと合一することをめざし、後者は行者の身体内部にある脈管とチャクラなどをコントロールし、宗教的恍惚感を得る。性ヨーガをしばしばともなうことも、後者の究竟次第では一般的であるが、前者の生起次第においても、男性原理と女性原理の合一と止揚がしばしば強調されるため、メタファーとして、あるいは実際にも男女の性的合一が重要な役割を果たすことがある。

『ヘーヴァジュラ・タントラ』においても生起次第と究竟次第の両者が説かれているが、はじめに登場するのは生起次第の方である。第一儀軌第三章には、ヘーヴァジュラとその眷属であるダーキニーたちが観想され、行者がそれと合一するプロセスが、順に述べられている。

行者は目の前に「ラン」(raṁ)の文字から日輪を観想し、その中心にある「フーン」(hūṁ)の文字から羯磨杵を、さらに羯磨杵から金剛の囲いと網状の覆いを観想する。これらはこれから観想するヘーヴァジュラたちを包み込む結界の役割を果たす。その中にはじめに死体を観想し、行者はその上に立って「ヘールカであること」を観想する。これは、この後で実際のヘー

5　明妃を抱いて踊るヘーヴァジュラ　チベット／サムイェー寺壁画

ルカを生み出すための核のようなものである。

行者は自分の心臓に「ラン」の文字を観想し、それを日輪に変えて、さらにそこに般若と方便を自性とする「フーン」字の形をしたものを観想し、それを真っ黒で恐ろしい形の金剛杵に変える。金剛杵の中心部分にさらに「フーン」字を観想し、この「フーン」字を変化させて、「怒りを本質とするもの」とする。これが主尊であるヘーヴァジュラであるが、経典ではその名称は用いられず「金剛から生じた真っ黒いもの」などと呼ばれる。この段階では尊格の具体的なイメージは、まだ明瞭にはなっていない。これを虚空に観想した行者は、その周囲にガウリーなどの八人のダーキニーたちが、彼に対して供養していることも観想する。

ここで行者は、これらの尊格とは別のものとして、月輪と日輪を観想する。このうち月輪には「アーリ」(āli) と呼ばれるすべての母音の文字列が、日輪には「カーリ」(kāli) と呼ばれるすべての子音の文字列が、それぞれの円周に沿ってその内側に記されている。「アーリ」の「ア」は母音のはじめの文字、「カーリ」の「カ」は子音のはじめの文字からとられている。そして、これらの中央には「種子」(bīja) が置かれているが、これはヘーヴァジュラの種子マントラである「フーン」字であろう。

「これこそが衆生なり」と行者が発声すると、虚空のマンダラにいる者たち、すなわち八人のダーキニーと、彼女らによって囲まれた主尊は、全宇宙へと拡散していく。彼らを再び一箇所に収斂《しゅうれん》させると、ついにヨーガ行者は「悟りを本質とするもの」すなわちヘールカそのものとなることができる。

母音と子音を連珠のように記した月輪《がちりん》と日輪《にちりん》の観想は、『大日経』などの中期密教の経典にもその原型が見られ、尊格を観想するための有効な方法のひとつであった。すべての文字が森羅万象を表し、それを支配する根本仏を、全体の中心に観想するのである。当初、これらの二群の文字は、ひとつの月輪に記されていたが、母タントラの先駆的経典である『サマーヨーガ・タントラ』では、日輪と月輪に分かれ、両者の合一が性的な合一のイメージへと変化したのである。『ヘーヴァジュラ・タントラ』の観想法も、この流れを汲むもので、ヘーヴァジュラと行者が一体となるための最後の瞬間に、それが用いられている。

『ヘーヴァジュラ・タントラ』はここでようやく主尊ヘーヴァジュラの具体的なイメージを詳細に説明する。身色は青、髪の毛は黄褐色で逆立ち、五種の装身具で飾られ、一六歳の若者の肉体をもち、虎皮裙《こひくん》をはき、忿怒の視線を発し、金剛杵《こんごうしょ》とカパーラを持物とする。八人のダーキニーに囲まれて死体の上に立つ等々である（カラー口絵3参照）。このうち、五種の装身具は大日如来などの五仏を象徴し、ヘーヴァジュラが五仏の統帥者であることを表している。

第一儀軌第三章はここで終わっているが、続く第四章もこれに連続した内容で、「自加持《じかじ》」の儀軌が説かれる。このような姿のヘーヴァジュラと一体となった行者は、自分の胸から光を発し、諸仏とその配偶尊を招き寄せる。彼らに供養した後、「我に灌頂を与えたまえ」と祈願すると、実際に諸仏は五仏を象徴する五甘露で、行者であるヘーヴァジュラを灌頂する。このことを賛嘆するための散華や楽器の演奏が始まり、諸仏の配偶尊である色金剛女《しきこんごうにょ》たちによるヘーヴァジュラへの供養や、ローチャナーたちによる金剛の歌の合唱も続く。こうして、行者自身がヘーヴァジュラとして完全なものとなるのである。

尊格の観想の最後の段階で行われるこの灌頂は、生起次第によって仏と合一した行者を、諸仏が認証し、仏としての地位につけるための重要なプロセスである。「仏にするための儀礼」である灌頂を、行者は自分自身の瞑想において体験することから、「自加持」という名称が与えられているのである。

2 究竟次第

『ヘーヴァジュラ・タントラ』の第一儀軌第八章には、ヘーヴァジュラを主尊とする一五尊マンダラの観想法が説かれているが、そこでは生起次第に続いて究竟次第も実修される。

このうち、生起次第は第一儀軌第三章に類似している。虚空に女性器（bhaga）を観想し、その中央で観想を行う。まず地水火風の四大元素を観想し、二重の輪（チャクラ）をそこに生む。このうち、ひとつは八弁蓮華の形をし、もうひとつは三角形である。その中央に横たわった死体を観想するが、これはヘーヴァジュラのまわりにいる一五人のヨーギニーたちの座となる。それに支えられるように、月輪と日輪を観想する。これはアーリとカーリの文字を記したものである。

両者が解け合うと、そのひとつになったところから主尊のヘーヴァジュラ（ここでは金剛薩埵と呼ばれる）が生まれる。この尊格は般若と方便を自性とするが、これらも日輪と月輪に対応している。そして日輪と月輪が再び分離していくと、そこに記された文字から、ガウリーをはじめとする一四尊のヨーギニーたちが生まれる。内側の輪に四尊、外側の輪に八尊、そして上下に二尊である。

これらの女尊たちは、一面二臂で身色は黒、忿怒の相をそなえ、五種の装身具で飾られ、赤い目をもつ。持物はカルトリとカパーラで、さらに左手にはカトヴァーンガをかかえる。腰には虎皮裙を付け、死体の上に立つ。経典ではこの後、持物などのこれらの特徴が、それぞれどのような教理的な意味をもっているかが説明される。

生起次第によって、このようにヘーヴァジュラを中心とするマンダラが完成すると、行者は究竟次第の実修へと移る。この基本となっているの「四種の歓喜《かんぎ》」の理論である。四種の歓喜とは①歓喜、②最勝歓喜、③離喜歓喜、④倶生《くしょう》歓喜で、この順に低レベルのものから高レベルへとなる。これらの歓喜を体験するために、行者は自己の「菩提心」をコントロールするのであるが、ここでの菩提心とは「白きもの」すなわち行者自身の精液である。

精液を菩提心と見なす考え方は、『ヘーヴァジュラ・タントラ』以前の母タントラ経典にすでに見られ、ここでもそれが受け継がれている。『ヘーヴァジュラ・タントラ』では人間の身体に四つのチャクラがあり、それをつなぐ三つの脈管ララナー、ラサナー、アヴァドゥーティーがあることが、第一儀軌第一章で定義されている。

三つの脈管は、全部で三二ある脈管の主要なもので、身体の右にララナー、左にラサナー、中央にアヴァドゥーティーが走っている。残りの二九の脈管にもすべて名称が与えられていて、これらも同じ箇所で列挙されている。これらの脈管の結節点となる四つのチャクラは、上から順に、頭頂、喉、心臓、臍に位置し、いずれも蓮華の形をとるが、蓮弁の数がそれぞれ異なる。菩提心である精液がこれらを下から上に上昇すると、すでに述べた四種の歓喜が順に生ずると考えられたのである。

『ヘーヴァジュラ・タントラ』の第一儀軌第八章には、究竟次第と四種の歓喜について、つぎのような記述がある。


歓喜によってある種の快楽がある。最勝歓喜はそれよりもすぐれている。離喜歓喜によって喜から離れることがあるだろう。倶生歓喜はそれらとは別である。

第一の［歓喜］は接触を求めることによる。第二は楽を求めることによる。第三は愛欲を滅することによる。第四はそれによって実修される。

最勝歓喜は生存（＝輪廻）といわれる。離喜歓喜は涅槃である。［両者の］中間は単なる歓喜である。しかし、倶生［歓喜］はそれらから離れている。

愛欲ではなく、愛欲を離れたものでもなく、［両者の］中間にも得られない。正しき真実の理解によれば、そこには般若も方便もない。


ここで示される四種の歓喜の説明からは、第四の倶生歓喜の絶対性が読みとれる。輪廻と解脱、愛欲と離欲という二項対立の中で、両者の中間に相当する単なる歓喜、ポジティヴな極にある最勝歓喜、その対極にある離喜歓喜という枠組みを作り、倶生歓喜がそのいずれをも超越した存在であると強調する。このような論法は、龍樹が空を説明するための、いわゆる四句分別を連想させる。密教においても悟りとは空を証悟することであるのは、それまでの大乗仏教と何らかわりはないが、菩提心の移動にともなう生理的な歓喜の体験を、それと同一視することに究竟次第の特色がある。

3 灌頂儀礼への組み込み

四種の歓喜の体験は、灌頂の儀礼とも結びつけられる。第一儀軌第一〇章では、すでに見たように、阿闍梨と女性パートナーによる性ヨーガによって生じた精液を、弟子の口に投ずることが説かれているが、その瞬間に弟子は、自分が認識する対象がすべて「等しきエッセンス」（samarasa 一味）となったことを悟る。

その具体的な説明として、経典の作者は、そこでは自己と他者という区別はなく、晴れわたった空のように明晰で、存在と非存在、般若と方便、愛欲と離欲といった二項対立がすべて姿を消しているという。また、すべてのものに遍満し、すべてのものに等しくなるという遍在性も強調される。そして、それを要約するように四種の歓喜に言及する。

そこでは、性ヨーガによる灌頂を受けた弟子の境地が、四種の歓喜を順に獲得し、最終的には倶生歓喜を体験することが説かれているが、さらに第二儀軌第三章では、四種の灌頂と四種の歓喜が対応することが、つぎのように明確に示されている。

阿闍梨、秘密、般若、そして第四［の灌頂］もまた同様に、［四種の］歓喜は順序通りに、四種の灌頂の数に応じて理解されるべし。

これらの四種の灌頂のうち、第四灌頂はもともと明確な内容が経典には説かれていなかったが、後期密教の多くの文献では、上記のような倶生歓喜を内容とすることを、阿闍梨が弟子に言葉によって説示すると説明されることが多い。本来、菩提心すなわち精液の体内での上昇によって四種の歓喜を体験することが、究竟次第の実質的な内容であったのに対し、この実修が灌頂という形式化された儀礼と結びつくことで、四種の灌頂に四種の歓喜が配分されて理解されるようになったのである。

七　おわりに

『ヘーヴァジュラ・タントラ』の内容をいくつかの項目にわけて概観した。初期や中期の密教経典にも見られるさまざまな密教儀礼から、後期密教に特徴的な性ヨーガを含む実践や、行者の身体内部の生理的技法へと、秘儀的な度合いを高める方向がそこからは読みとれる。しかし、実際の経典では、これらの儀礼が体系化されて説かれているわけではなく、未整理なまま、詰め込まれているという印象を受ける。

『ヘーヴァジュラ・タントラ』は母タントラ系の密教において、最も重要な経典のひとつに位置づけられているが、それは、この経典が母タントラの実践や教理をわかりやすくまとめているからではなく、さまざまな要素を混在させていることで、後世の経典にそれを発展させる可能性を託していたからかもしれない。

それにしても、これはいったい何という「仏教」であろう。人を殺し、その死体の肉を食べることを命じ、真夜中に女性と公然と性交し、その恍惚感を「歓喜」と呼んで、宗教的な悟りと見なす。本来、厳粛で栄誉ある入門儀礼であったはずの灌頂は、猥雑で倒錯した性の饗宴と何らかわりがない。「仏教」と呼ぶよりも「淫祠邪教」と呼ぶべき姿を、当時の人々に対しても示していたであろう。

このような特殊な仏教を説明するために「屍林《しりん》の宗教」という用語が提唱されている。もともと、インドの土着的な民族が有していた特異な宗教儀礼で、屍林すなわち墓場を舞台に、女性のパートナーとともに繰り広げられていたものを、仏教徒が導入していったという仮説である。このような実践がインドやその周辺地域でかなり広く行われていたことは、当時の断片的な記録や、現在でもその残滓が見られることから、おそらくたしかであろう。南アジアに限らず、北アジアのシャーマニズムや、ヨーロッパ世界の魔女とサバトなど、ユーラシア大陸の各地で、その類例を見ることができる。しかし、当時の仏教徒たちが、いかなる理由で、そして、どのようなプロセスでそれを取り入れていったのかは、ほとんど明らかにされていない。

もちろん、仏教徒は何の抵抗もなく、このような実践をみずからのものとはしていない。すでに見たように、慈悲、空、如来蔵などの枠組みは、実際の行為のもつ過激さをいくらかでも和らげる効果があったであろう。性ヨーガも男性原理を方便、女性原理を般若と同一視することで、悟りとは両者の合一であるという論理を可能にした。

このような教理的な説明は、ヘーヴァジュラのもつ身体特徴にまでおよび、一六本の腕は一六種の空、四本の足は四種の魔を破すことで、八面は八解脱門を表す等の解釈が、経典に説かれている。しかし、これらはあくまでも、実際のヘーヴァジュラの姿に対して与えられた、いわばこじつけの説明であり、一六種の空などを表現するために、このような身体的な特徴が生み出されたわけではない。それは、性ヨーガについても同様で、般若と方便の合一を体験するために、性交がどうしても必要であったとはとうてい思えない。

性ヨーガを含む特異な実践体系が、仏教の存在基盤ともいうべき戒律とまっこうから対立することは、誰の目にも明らかである。それをあえて導入したのであるとすれば、それだけの理由があったはずである。

当時の仏教徒が、伝統的な実践だけでは打破できないような閉塞状況にあったのか、あるいは、インドを席巻したタントリズムの潮流に仏教も抗しえず、のみこまれてしまったのか、あるいは、信者たちを次第にヒンドゥー教に奪われつつあった仏教が、あらたな信徒層獲得のために、土着的な民族に教化の対象を広げるための戦略であったのか等々、その解明は今後の研究にゆだねるしかない。

参考文献

Snellgrove, D. L., *The Hevajra Tantra: A Critical Study*, 2 parts. London: Oxford University Press, 1959.

Farrow, G. W. & I. Menon, *The Concealed Essence of the Hevajra Tantra*. Delhi: Motilal, 1992.

Nihom, M., On Attracting Women and Tantric Initiation: Tilottama and Hevajratantra, II, v. 38-74 and I, vii. 8-9. *Bulletin of the School of Oriental and African Studies*. 58（3）: 521-521, 1995.

3『チャクラサンヴァラ・タントラ』

聖地と身体の宗教性

杉木恒彦

九世紀以降、ある密教行者たちは聖地と身体という、宗教実践の基本要素ともいうべきものについて探求を重ね、自らの教えの体系を「尊格たちの集会《しゅうえ》の輪（チャクラ）が生み出す〈至福〉（サンヴァラ）」と呼んだ。

〈至福〉とは、男女の尊格たちが輪となって互いに結びつくというメタファーにより表現された、無分別の至福体験を指す言葉である。ここには、無分別という真理は至福の状態、つまりこの上ない喜びとして修行者に体験されるという主張が含意されている。この〈至福〉は、聖地の体系を通して、そして自分の身体を通して修行者に体験される。

「チャクラサンヴァラ」とは、特定の一つの聖典のみを指す言葉ではない。それはインド仏教最後期の、そして最大規模の密教運動を指す。この運動の中で作成された聖典はもっとも重要なものだけでも合計一〇近くに達し、その他の聖典や関連する注釈・実践書を入れると、文献量は相当なものとなる。インドで仏教が消滅した後も、チャクラサンヴァラはネパールやチベットの仏教の中で今なおその命脈を保っている。

一　マンダラの象徴世界

一般に中期密教以降のマンダラは、宇宙の理や仏の悟りといった何らかの仏教的コスモスを、尊格たちの姿を用いて表現した象徴の体系である。チャクラサンヴァラに説かれるマンダラも例外ではない。

六二体の男女尊で構成されるマンダラは、チャクラサンヴァラの伝統でもっとも重視されるマンダラである。これらの男女尊のうちカップルになっているものを一体と数えれば、このマンダラは三七体構成となる。このマンダラは、チャクラサンヴァラの主尊であるヘールカ尊（サンヴァラ尊あるいはチャクラサンヴァラ尊と呼ばれる場合もある）とその明妃《みょうひ》ヴァジュラヴァーラーヒー女尊のカップルを中心とし、同心円構造をとる合計五つの男女尊の輪からなる。

1　チャクラサンヴァラ・マンダラ　チベット

五つの輪は内側から順にそれぞれ、①大楽輪《だいらくりん》（「大いなる安楽の輪」）、②心輪（「心の輪」）、③語輪（「言葉の輪」）、④身輪（「身体の輪」）、⑤三昧耶輪《さんまやりん》（「誓約の輪」）と呼ばれる。

これら五つの輪は全体として、男女の尊格たちが輪となって互いに結びつく様子を表したものであり、〈至福〉という無分別の真理体験を表現している。

また、五つの輪のうち、②心輪と③語輪と④身輪は、現在のインド・スリランカ・ネパール・中央アジアを含む広域に実在したとされる合計二四の聖地と、それらに祀《まつ》られている男女尊たちをマンダラとして表現したもの、いわば聖地マンダラともいえるものである。これら合計二四の聖地は、全体で大乗仏教に伝統的な教義である〈十地《じゅうじ》〉（悟りの深化を表す一〇段階的境地）を表すとされる。

マンダラは観点を変えれば異なった姿をわれわれに見せる。さらに別の観点から見れば、五つの輪は全体として、初期仏教以来の伝統的な教義である〈三十七菩提分法《さんじゅうしちぼだいぶんほう》〉（悟りに至るための三七の実践徳目）を表現したものでもある。

以上を簡潔にまとめれば、次のようになろう。

〈至福〉

① 大楽輪
② 心輪
③ 語輪
④ 身輪
⑤ 三昧耶輪

（②〜④）――二四の聖地――〈十地〉

（①〜⑤）〈三十七菩提分法〉

2　マンダラの象徴世界

ところで、ここに登場する二四の聖地は、仏陀の足跡をなぞったインド仏教に伝統的な八大聖地とは異なり、シヴァ教に説かれる聖地群と多くの部分が重なる。シヴァ教とは、シヴァ神とそれに関連する女神たちを崇拝するヒンドゥー教の伝統の総称である。シヴァ教ではそれらの聖地はマンダラ化されていない。チャクラサンヴァラの修行者たちはシヴァ教の説く聖地を自らの体系の中にとりこみ、整え、〈十地〉などの仏教的な意味付けを行い、マンダラとして体系化したのである。

二　実践の解釈学――身体の外と内

チャクラサンヴァラの実践体系では、〈外的〉と〈内的〉という分類が重視される。〈外的〉

〈内的〉という分類は、インドの宗教に比較的一般的なものであるが、その意味する内容は必ずしも統一されていない。チャクラサンヴァラが重視する〈外的〉〈内的〉という概念は、それぞれ〈修行者の身体の外〉と〈修行者の身体の内〉を意味する。

マンダラを修行者の身体の外に描いたり観想したりする場合、そのマンダラは「外的マンダラ」と呼ばれる。修行者の身体の内に観想する場合、それは「内的マンダラ」と呼ばれる。修行者の身体の外で繰り広げられる実践（たとえば各種の儀礼）は外的な実践であり、修行者の身体の内部に着目した実践（後述する内的マンダラの観想や生理学的観想）は内的な実践である。

チャクラサンヴァラの修行者たちは、外的な実践に意義を認めつつも、それのみでは真理に至ることは困難であると考え、身体とより密接な内的実践の重要性を強調し、その体系化と発展に積極的であった。そのため、チャクラサンヴァラの伝統では内的な実践のヴァリエーションが豊富になり、これがチャクラサンヴァラ密教運動の大きな特徴となっている。

以下、外的な実践の一例として外的マンダラに基づくいくつかの実践を、内的な実践の一例として内的マンダラの観想と、生理学的観想を見ていこう。

三　身体の外のマンダラ――外的マンダラの諸実践

(一)外的マンダラを観想する

外的マンダラを観想することは、修行者の意識の中で、自分と自分を包みこむ三次元の空間全体がマンダラの象徴世界へと変容することを意味する。修行者はまず世界を空《くう》であると思念してから、外的マンダラの観想に入る。修行者は自分がマンダラの中央に位置するヘールカ尊になったとイメージし、続いて自分を中心とするマンダラ全体が生じるとイメージする。

このように外的マンダラを観想する場合、五層構造のもっとも内側にある大楽輪ともっとも外側にある三昧耶輪は地上に観想されるのだが、それらの中間にある三つの輪、すなわち心輪は天空に、語輪は地上に、身輪は地下に観想しなければならない。観想される外的マンダラは立体的なのである。このような立体構造のマンダラを観想することにより、修行者の意識の中で、自分と自分を包み込む三次元の空間全体がマンダラの象徴世界へと変容していく。

このような外的マンダラの観想は、以下に述べる(二)と(三)の実践の際にも行われる。意識とそれを通しての空間の変容がなければ、(二)と(三)は単に形式的なものとなりかねない。

（二）外的マンダラを描く

たとえばイニシエーション儀礼である灌頂儀礼においては、師は弟子に投花得仏《とうけとくぶつ》の儀式（目隠しをした弟子がマンダラの上に花を落とし、花の落ちた場所にしたがって弟子の守護尊を決める儀式）を施したり、続いて弟子にマンダラを見せてその意味を説明したりすることにより、弟子を密教の世界へと本格的に参入させる。そのために、師はあらかじめ色粉を用いて、マンダラを地面の上に描かねばならない。

描かれたマンダラは、その象徴世界をその場にあらわにする。マンダラを描くということは、たとえていえば聖なる尊格たちの世界の扉をその場に設け、それを開くということに等しい。マンダラの象徴世界が顕現した場で、灌頂儀礼をはじめとするさまざまな密教の儀礼が執行されるのである。

（三）修行者たちが外的マンダラの尊格たちの役を演じる

外的マンダラは、描かれた尊格たちや観想された尊格たちではなく実際の複数の男女の修行者たちにより構成される場合がある。いわば、マス体操ならぬマス・マンダラである。男女の修行者たちは聖地など、実践に適切な場所に集い、マンダラにおける男女尊たちの配列にした

3　チャクラサンヴァラ像　インド／パトナ博物館蔵

がって輪をつくる。ある男性行者はヘールカ尊の位置に坐り、ある女性行者はヴァジュラヴァーラーヒー女尊の位置に坐る。同じように、別の男性行者たちはマンダラの残りの男尊の位置に、別の女性行者たちはマンダラの残りの女尊の位置に坐る。そして彼らはマンダラの男女尊たちのように、互いのパートナーと性的ヨーガを行う。

このとき、女性行者たちは天体の動きに合わせてそれぞれの輪の中を一つずつ隣へ移動し、パートナーを順に変えていく。このマス・マンダラは天体の動きと連動する、動的なマンダラなのである。こうして、参加した男女の行者たちは宇宙のリズムと連動する形で、マンダラの象徴世界の体験を共有することになる。

四　身体の内のマンダラ――内的マンダラの観想

人間の身体には脈管《みゃくかん》と呼ばれる細い管状の組織がある。それは体内に整然とはりめぐらされている。イメージとしては、私たちの体内をめぐる血管のようなものである。人間は一日に二一六〇〇回の呼吸を行うとされるが、その回数に合わせて、それぞれの脈管の中を生気が一定のリズムでめぐり、血をはじめとしたさまざまな体液を体内の各組織に運ぶ。これは、仏教・非仏教を問わず、初期中世期のインドに広く見られる人体構成論の一つである。

4　人体チャクラ図　インド／北村コレクション

チャクラサンヴァラの体系では、体内にはりめぐらされた脈管は、マンダラの女尊たちと同一視される。脈管の中を移動する各種の体液と、脈管とつながった各種の組織は、マンダラの男尊たちと同一視される。つまり、脈管とそれに関連する体液・組織の組み合わせが、身体内における男女尊のカップルの姿である。この組み合わせの集合体が人間の身体であり、内的マンダラなのである。端的にいえば、内的マンダラとは、修行者自身の人体構成をマンダラと見なす、いうなれば人体構成としてのマンダラである。それゆえ、内的マンダラは「身体マンダラ」とも呼ばれる。

それぞれの脈管にはその拠り所となる身体部位がそれぞれあるとされる。それらの身体部位は合計で二四あるいは三七ある。身体部位を二四とする場合、マンダラを構成する五つの輪のうち心輪と語輪と身輪の部分（つまり聖地マンダラの部分）のみの内的マンダラとなる。

頭・頭頂・右耳・後頭部・左耳・眉間・両眼・両肩・両脇・両胸・臍・鼻の先端・口・胃・心臓・股間・性器・肛門・両腿・両脛・両足の五指・両足の裏・両足の親指・両膝といった二四の身体部位は、先の二四の聖地に相当するとされ、チャクラサンヴァラの諸文献にほぼ共通した見解である。

これら二四の身体部位は、いわば体内聖地、内的聖地である。身体部位を三七とする場合は、マンダラの五つの輪全体の内的マンダラとなる。三七の身体部位は、二四の内的聖地にさらに一三の身体部位を加えたものである。これら一三の身体部位については、文献により大きな相違が見られる。

内的マンダラの観想では、これら合計二四あるいは三七の身体部位が重要な役割を果たす。その観想方法には、大きく二種類ある。

（一）身体部位に男女尊の外的な姿を観想する

各身体部位に、修行者は男尊と女尊の外的な姿（外的マンダラに描かれるような、手や足や顔を備えた姿）を観想する。これによって、脈管としての女尊、体液・組織としての男尊から構成される内的マンダラが観想されたとみなすのである。

（二）身体部位に菩提心をめぐらせる

頭部から分泌される「菩提心」と呼ばれる体液は、マンダラの主尊であるヘールカ尊と同一視される。マンダラのその他の男尊たちは究極的にはヘールカ尊と等しいのだから、ヘールカ尊としてのこの菩提心は、マンダラの男尊たちを代表する体液でもある。修行者は、男尊としてのこの菩提心が、女尊としてのそれぞれの脈管の中を通って各身体部位をめぐると観想するのである。

修行者はこれらいずれかの方法に基づき、坐して意識を自分の身体内に向け、自分の身体がそのままマンダラの象徴世界全体を具現していると強く自覚する。このような内的マンダラの観想は、先に述べた外的マンダラの観想とともに実践される。修行者は自分の身体の外と内にマンダラの象徴世界を展開するのである。

五　身体の内の火と甘露――生理学的観想

生理学的観想とは、身体に特異な生理的変調を意図的にひき起こすことによって意識の変容をうながし、その変容体験を真理の覚醒へとつなげる実践法である。

内的マンダラとは異なる観点から見た人体構成の理論として、〈四つのチャクラと三本の重要な脈管〉という考え方がある。生理学的観想は、この人体構成論に基づく場合が多い。

チャクラ（「輪」という意味）とは、体内をめぐる多くの脈管が集まる体内のエネルギー・スポット、身体の最重要箇所である。人間の身体には頭部から下腹部までの中線にそって順に頭、喉、心臓、臍のそれぞれの箇所に一つずつ、合計四つのチャクラがあるとされる。それらのチャクラは順に「大楽輪」「報輪」「法輪」「応輪」と呼ばれ、それぞれが異なった蓮華の形をしており、それぞれの中央に文字が配置される。

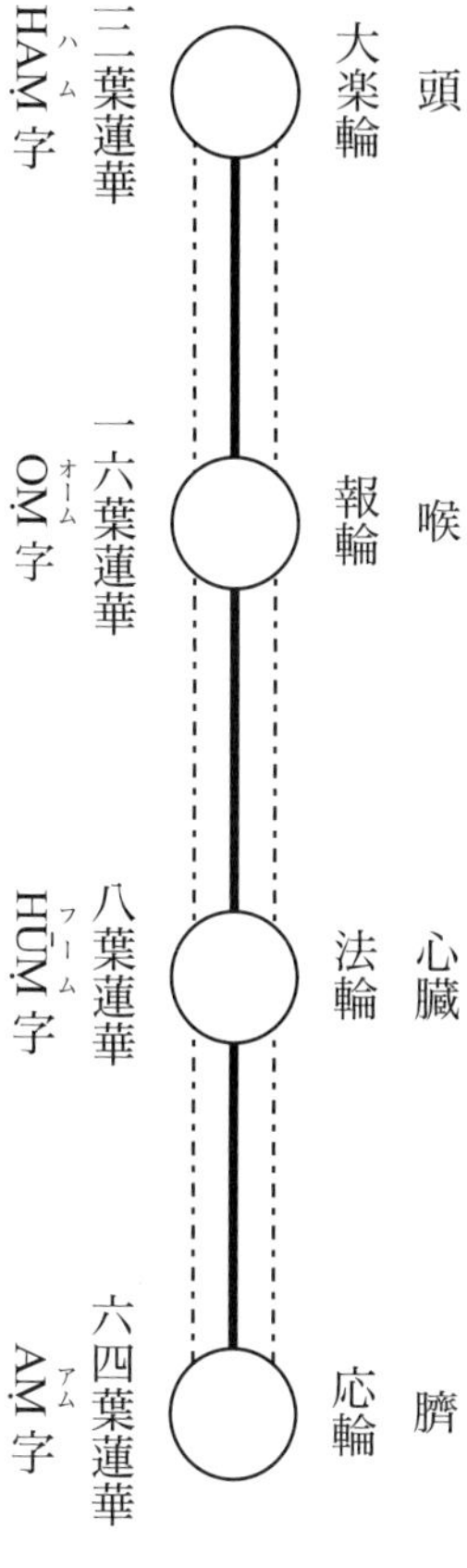

＊太線―アヴァドゥーティー脈管
＊点線―左側がララナー脈管、右側がラサナー脈管

5　四つのチャクラと三本の重要脈管

これら四つのチャクラを、三本の重要な脈管が互いに平行するように垂直に貫いている。これら三本のうち、四つのチャクラの中央を垂直に貫く脈管はアヴァドゥーティー脈管と呼ばれる。このアヴァドゥーティー脈管の左右を、それぞれララナー脈管とラサナー脈管が平走している。

以上の四つのチャクラと三本の主要な脈管という人体構成論に基づく生理学的観想の一例として、ここではチャクラサンヴァラの諸流派のうち、クリシュナ流のものに焦点をしぼって見てみよう。クリシュナ流は、心臓の法輪にはHŪṂ字の他に、それを囲む四つの文字（OṂ字、TRĀṂ《トラーム》字、HRĪḤ《フリーヒ》字、KHAṂ《カム》字）、つまり合計五つの文字があるとし、それらは五蘊《ごうん》（人間存在を構成する五つの要素）を象徴するとして、重視する。そして、その観想は〈マントラの次第〉と〈智慧の次第〉という二つの連続するプロセスとして実践される。

〈マントラの次第〉

① 修行者は呼吸をコントロールし、ララナー脈管とラサナー脈管の中をめぐっている生気を、応輪にある三本の脈管の接合箇所に収束させる。これにより、あたかも燃料に空気をおくって火をつけるように、応輪のAṂ字を点火させる。するとAṂ字から、とても微細な「智慧の火」が生じる。

② この「智慧の火」はアヴァドゥーティー脈管を通って、応輪から心臓の法輪へと上昇していく。法輪にたどり着いた「智慧の火」は、五蘊を象徴する法輪の五つの文字を燃やす。これにより、修行者は五蘊という分別を焼き滅ぼしたことになる。

③ その後「智慧の火」はアヴァドゥーティー脈管を通ってさらに上昇し、喉の報輪へと至

り、オーム字のまわりを三回右回りにまわる。続いて「智慧の火」はアヴァドゥーティー脈管の中をさらに上昇し、頭の大楽輪へと至った後、眉間にある微細な穴と右耳の穴から修行者の体外へと出て行く。

④修行者の身体の外へと飛び出たこの「智慧の火」は世界に遍満する無数の仏たちの頭頂にある微細な穴から彼らの体内へともぐりこみ、彼らの頭にある大楽輪のHAṂ字を燃やす。続いて、彼らの喉の報輪をへて、彼らの心臓にある、五蘊を象徴する法輪の五つの文字を燃やす。これにより、修行者は仏という分別さえも焼き滅ぼしたことになる。

以上の観想プロセスは、「智慧の火」という修行者の体内に発生した神秘的な火によって、五蘊という分別を焼き滅ぼすことを目的とする。

〈智慧の次第〉

⑤〈マントラの次第〉の観想④で、修行者の「智慧の火」が仏たちの頭にある大楽輪のHAṂ字を燃やした際に、このHAṂ字から「甘露《アムリタ》」と呼ばれる微細な体液が分泌される。この「甘露」は、智慧と不死性を象徴し、真理の至福感を促す体内分泌物である。「甘露」は仏たちの体内を、アヴァドゥーティー脈管を通って彼らの心臓の法輪へと滴り落ちていく。

⑥〈マントラの次第〉の観想④で、修行者の「智慧の火」は仏たちの法輪の五つの文字を燃

やした。この「智慧の火」はそれと同時に、仏たちの法輪で上述の「甘露」を待ち受けている。「智慧の火」がその仏たちの「甘露」を受け止めると、その「智慧の火」はその「甘露」とともに仏たちのアヴァドゥーティー脈管の中を今度は上昇し、彼らの頭頂にある微細な穴から彼らの体外へと出て行く。そして修行者のもとへと戻り、修行者の頭頂にある微細な穴から修行者の体内へと入り、再び修行者の頭にある大楽輪へと至る。こうして、瞑想者は「智慧の火」の働きにより、仏たちの「甘露」を自分の体内に取り込むことに成功する。

⑦ この「甘露」は修行者のアヴァドゥーティー脈管を通って修行者の喉の報輪へと至り、続いて、心臓の法輪へと至る。五蘊を象徴する法輪の五つの文字は、先の〈マントラの次第〉の観想②の中で「智慧の火」によってすでに焼かれてしまっている。「甘露」がこのような法輪に至ることは、五蘊という分別が焼き滅ぼされたことの至福が生じることを意味する。つまり、無分別という真理が至福の喜びとして修行者に体験されるのである。

⑧ その後、「甘露」はアヴァドゥーティー脈管を通って修行者の応輪のAṂ字へと至り、そこに安住する。すると、無分別という真理の体験がますます確固としたものになっていく。

以上の観想プロセスは、宇宙のあらゆるところに遍満する仏たちの、至福性を促す体内分泌物であり、智慧と不死性を象徴する「甘露」を修行者自身の身体の中に集めることによって、無分別の〈至福〉の境地を深めていくことを目的とする。

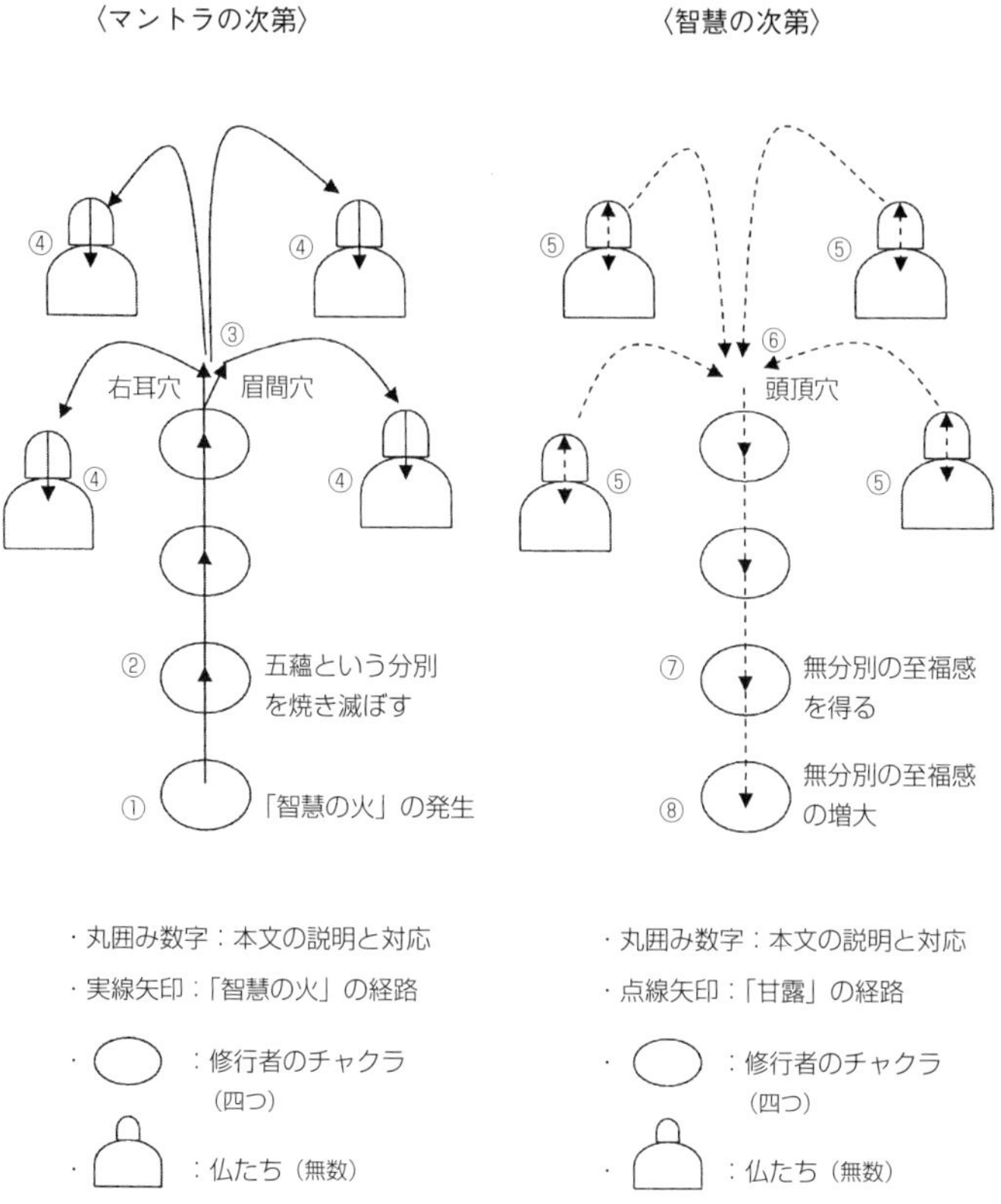
〈マントラの次第〉
〈智慧の次第〉
④
③
右耳穴
眉間穴
②
五蘊という分別
を焼き滅ぼす
①
「智慧の火」の発生
⑤
⑥
頭頂穴
⑦
無分別の至福感
を得る
⑧
無分別の至福感
の増大
・丸囲み数字：本文の説明と対応
・実線矢印：「智慧の火」の経路
・：修行者のチャクラ（四つ）
・：仏たち（無数）
・丸囲み数字：本文の説明と対応
・点線矢印：「甘露」の経路
・：修行者のチャクラ（四つ）
・：仏たち（無数）

6　クリシュナ流の生理学的観想

六　文化史的背景

聖地と身体への着目が、チャクラサンヴァラの実践体系の根幹にある。今まで見てきたように、そのマンダラはある面では聖地マンダラの様相を呈しており、かつ、聖地間ネットワークは内的マンダラとして人間の身体の構成とパラレルなものとして理解された。また、身体のもつ特異な生理能力は真理に至る手段として積極的に評価され、生理学的観想体系の構築がさかんにとりくまれた。チャクラサンヴァラのこのような傾向には、大きく二つの文化史的背景がある。

(一) シヴァ教の聖地の仏教行者たち

なぜチャクラサンヴァラで重視される聖地群の多くがシヴァ教と共通のものなのだろうか。チャクラサンヴァラ密教運動が生じる九世紀には、シヴァ教は王権ともしばしば結びつき、インドで大きな勢力を得ていた。聖地における、シヴァ教などの非仏教と仏教の共存は、すでに七世紀には広く見られるが、そんな異教徒たちの共存の場にいた仏教者たちがチャクラサンヴァラ密教運動の発生に重要な役割を果たしたのだろう。チャクラサンヴァラの修行者たちの中

7　明妃を抱いたチャクラサンヴァラ像　チベット／北村コレクション

には、教義上の会通《えつう》のみならず、異教徒たちの聖地群がいかに仏教のものへと変容していくかを説明する神話の作成に熱心な者もいた。

また、聖地をシヴァ教と共有すれば、聖地という場を通してシヴァ教との相互の影響関係も自然と大きくなる。チャクラサンヴァラにはそれまでの仏教のみならず、シヴァ教の実践体系と類似する要素も多く見出される。

(二) 身体へのポジティヴなまなざし

グプタ朝期のバラモン文化ルネッサンスに見られるサンスクリット文化の華やかな展開と、それに続く地方分権とバラモンたちや仏教僧院の地方進出の時代を通して、仏教と非仏教双方を含むサンスクリット文化が徐々に上層から中層へ、中心から周辺へと広がっていく。その時代の流れの中で、民衆たちの宗教心にも迎合する、身体の宗教性へのまなざしがサンスクリット聖典の中で徐々に強くなっていった。多様な出自と背景をもつ成就者たちの伝統が表舞台に現れるのはこの頃である。

最高神への信愛による救済を説くバクティズムの運動では、信愛の心を全身で熱烈に表現しながら神を崇拝する信徒たちの姿が多く見られた。チャクラサンヴァラを含むタントリズムの運動では、身体がもつ潜在的な能力がしばしば重視された。身体へのポジティヴなまなざしは、非エリート聖職者層や周辺民をもまきこんだ初期中世期のサンスクリット聖典運動の重要な潮流の一つであり、チャクラサンヴァラ密教運動の方向性を大きく規定している。

付論　文献と流派

最後に、チャクラサンヴァラ密教運動の中で生み出された聖典や流派について、代表的なものをいくつか記しておこう。

チャクラサンヴァラの伝統は、『チャクラサンヴァラ・タントラ』(別名『ヘールカービダーナ・タントラ』、あるいは『ラグサンヴァラ』)から始まる(梵語テキスト…パンデイ校訂本、蔵訳…東北三六八番)。『チャクラサンヴァラ・タントラ』は、『サマーヨーガ・タントラ』と、ヴィディヤーピータ系のシヴァ教のいくつかの聖典に大きく基づいて作成された、シヴァ教からの影響も強い聖典である。

『チャクラサンヴァラ・タントラ』の成立後、『アビダーノーッタラ・タントラ』(梵語写本… IASWR MBB I–100 他、蔵訳…東北三六九番)、『サンプタ・タントラ』(梵語写本… Cowell・Eggeling 37 他、蔵訳…東北三八一番)、『サンヴァローダヤ・タントラ』(梵語テキスト…津田校訂本、蔵訳…東北三七三番)、『ダーカールナヴァ・タントラ』(梵語写本… Kathmandu D40/6 他、蔵訳…東北三七二番）、『ヘールカービュダヤ・タントラ』（梵語写本…未発見、蔵訳…東北三七四番）、『ヨーギニーサンチャーラ・タントラ』（梵語テキスト…パンデイ校訂本、蔵訳…東北三七五番）、『ヴァジュラダーカ・タントラ』（梵語写本…Shastri 72 他、蔵訳…東北三七〇番）をはじめとして、大部のものから小部のものに至るまで、実にさまざまな聖典がこの密教運動の中で作成された。

チャクラサンヴァラの流派の代表的なものとしては、ルーイーパーダを始祖とするルーイーパーダ流、ガンターパーダを始祖とするガンターパーダ流、クリシュナを始祖とするクリシュナ流がある。ヴィクラマシーラ僧院の学僧たちの中には、ルーイーパーダ流のチャクラサンヴァラ解釈を継承する者が多い。クリシュナ流は、「秘密集会」ジュニャーナパーダ流とも関係が深い。また、特に『ダーカールナヴァ・タントラ』に焦点を合わせた流派として、ジャヤセーナ流の存在もあげておきたい。

4 『ブッダカパーラ・タントラ』

仏の髑髏が経を吐く

奥山直司

一 異様なオープニング

ブッダカパーラ（Buddhakapāla）とはブッダのカパーラ、すなわち仏の頭蓋骨、髑髏《どくろ》を意味している。仏の肉身にも骨格が備わっている以上、カパーラがあるのは考えてみれば当然であろう。だがそれにしても、仏教聖典になぜ、仏のしゃれこうべなどという不気味で、冒瀆の臭いさえする名前が付けられたのか。

人間の頭蓋骨、特にこれを断ち割って作られる容器としてのカパーラ（髑髏杯）は、無上瑜伽タントラの忿怒尊の持物としてはお馴染みのものである。だがここではこの呪物がカパーリン（カパーラを持つ者）の異名を取るヒンドゥーの大神シヴァの持物であり、シヴァ教にはカーパーリカ、すなわちカーパーラ派と名乗る苦行者の一派があることを想起しなければならない。

カーパーリカは、シヴァ神の恐ろしい相であるバイラヴァを崇拝し、頭蓋骨の容器に入れた食物を食べ、死体の灰を体に塗る。ロナルド・ダヴィッドソンは、『ブッダカパーラ・タントラ』にはカーパーリカを自覚的に模倣したところがあると指摘している（Ronald M. Davidson, *Indian Esoteric Buddhism. A Social History of the Tantric Movement*, New York: Columbia University Press, 2002, p. 248）。この指摘がどれほど的を射たものかは今後の研究を俟たなければならないが、このタントラが頭蓋骨に独特のこだわりをもっていることは確かである。

その有様を、ダヴィッドソンも紹介する第一章（章の原語はパタラ。このタントラは一四パタラからなる）の冒頭部のチベット語訳（東北四二四番）によって提示しよう。

あるとき、このように私は聞いた。世尊は、一切如来身語心金剛《いっさいにょらいしんごしんこんごう》の荘厳された大マンダラの中央に、一切の如来たち、諸々のヨーギニーたちと共に住しておられた。聖アーナンダをはじめとする貪欲を遠離した長老たちと、聖観自在菩薩をはじめとする八億の菩薩たちと一緒であった。

ときに世尊は、金剛句をもって、大金剛位において、一切のタントラと諸々の真言をお説きになり、それから一切如来の主は、金剛と蓮華とを結合させ、女性の性器の中で涅槃に入られた。世尊が涅槃に入られたのを見て、一切の菩薩たちと一切のヨーギニーたちは不思議の感に打たれ、互いに顔を見合わせて、「おお、なぜに世尊一切如来の主は、荘厳された大マンダラの中央で涅槃に入られたのか」といい交わした。それから金剛手菩薩摩訶薩はヨーギニー（瑜伽母）たるチトラセーナーに尋ねた。「女神よ、福徳の劣る衆生が力（シャクティ？）に到達する方便がいささかでもありましょうや。（中略）」

これを聞いてチトラセーナーは、世尊の顔を愛欲をもって横目で見てから、忿怒と悲心をもって魔軍を摧破する。すると世尊の頭蓋骨からマントラが流れ出る。

オーム、ブッデー、シッデー、スシッデー、アムリタ、アラジェー、ブッダカパーラ、スポータネー、スポータヤ、トラーサヤ、ホー、フーム、パット。このような勝れたマントラが現れ、七層の地下にいるナーガ（蛇、龍）たちを滅ぼして灰にしてから、また戻ってきて、チトラセーナーの口に入り、蓮華（女性器）の中から出てきて、再び［世尊の］頭蓋骨に入った。

これに恐怖したナーガたちは集会を開き、チトラセーナーに降参を申し出る。すると、荘厳された大マンダラの中央で世尊の頭蓋骨が口を開き、［そこから］経本が現れ、虚空に次のような叫び声が響き渡った。「女神チトラセーナーよ、［これを］取りなさい。一切の衆生を利益する者よ、このタントラは［タントラの］大王であり、無上なるヨーギニー［・タントラ］であり、『ブッダカパーラ』という名の、一切の衆生を利益するものである」。これを聞いてチトラセーナーはこの経本を受持し、金剛手に手渡した。

ブッダのカパーラから出現したものであるがゆえに、「ブッダカパーラ」と呼ばれる。これがこのタントラ自体が語るその名の由来である。注釈者たちは、この表題の意味を仏教タントラの解釈学の定石に従って解こうとする。たとえば、「ブッダとは金剛であるといわれ、カパーラとは蓮華であると説かれる。法の生処（ダルモーダヤ）の意味である。それゆえに、［これは］方便と般若のタントラという主旨である」（サラハ著『智を有するもの』東北一六五二番）。

だがこうした解釈によって、女性器の中で涅槃に入った仏の髑髏が口を開き、そこから経本が出現するという筋立ての異様さが減殺されるわけではない。また死体（白骨？）と化した男尊と活動的な女尊との対照は、シヴァとその神妃との関係を髣髴《ほうふつ》とさせ、このタントラにシヴァ教的な構想からの借用があることをうかがわせる。

ただし、冒頭部をグロテスクに飾ったブッダのカパーラは、まもなくヘールカの一形態に主役の座を明け渡す。このヘールカは一面四臂でダマル太鼓、カルトリ刀、カトヴァーンガ杖、カパーラを持ち、チトラセーナーを明妃とし、半跏坐で踊る丁字立の足勢を取っている。これがインド後期密教の尊格としてのブッダカパーラである。

二 文献、相承系譜、マンダラ

『ブッダカパーラ・タントラ』は、プトゥンのタントラ分類法によれば、般若・母タントラ、ヘールカ部族のブッダカパーラ系に分類され、この系に属する唯一のタントラである。

このタントラの梵本と漢訳はまだ見つかっていない。チベット語訳（東北四二四番）は、インドの親教師ガヤーダラとチベットの翻訳官ギチョ・ダウェウーセルが翻訳・校閲したものが、チベット大蔵経カンギュル、タントラ部の中に収められている。その翻訳年代は一一世紀に置くことができるだろう。

プトゥンの『聴聞録』（東北蔵外五一九九番）によれば、このタントラの相承系譜《そうじょうけいふ》は、持金《じこん》剛《ごう》に始まり、ジュニャーナダーキニー、ロドゥーリンチェンを経て、バラモン・サラハ、マイトリーパー、マルパ等の順に続いている。第三祖ロドゥーリンチェンについてはよくわからないが、このチベット語名が梵語のラトナマティに還元できるとすれば、それは神的な菩薩と同名となり、そのため『ブッダカパーラ』の法の人間界における最初の相承者は、第四祖サラハである可能性が強くなる。

チベット仏教チョナン派の学僧ターラナータ（一五七五―一六三四年頃）が、『インド仏教史』において「吉祥なるサラハが『ブッダカパーラ』を［人間界に］お招きした」（Schiefner 1868, p. 209）と述べるのもこれと同じ認識を示したものであろう。サラハは八十四成就者の一人にも数えられる著名な成就者で、バラモンの家に生まれ、本名はラーフラバドラといった。

テンギュルのタントラ部には、このタントラに関連する一連の文献、すなわち注釈書、成就法、マンダラ儀軌《ぎき》などが収められている（東北一六五二―一六五八番）。そのうち注釈書は、先に引用したサラハの『智を有するもの』の他に、パドマヴァジュラの『真実の月光』（東北一六五三番）とアバヤーカラグプタの『無畏注《アバヤ》』（東北一六五四番）とがある。

後者はこれら三つの注釈書の中で唯一、梵文写本の存在が知られている（コルカタ、アジア協会図書館所蔵、シャーストリ目録九七番）。また『サーダナ・マーラー』にはブッダカパーラの成就法が一つ含まれている（二五四番）。

ブッダカパーラ・マンダラは、先に述べたヘールカの一形態としてのブッダカパーラを丁字立の女尊たちが取り囲むもので、アバヤーカラグプタの『ニシュパンナヨーガーヴァリー』（『インド後期密教』〔上〕二〇八頁以下参照）には、ブッダカパーラをチトラセーナーをはじめとする八女尊が取り囲む九尊マンダラ（バッタチャリヤ本、一〇番）と、ブッダカパーラとチトラセーナーの父母仏を二四女尊が取り囲む二五尊マンダラ（同、一三番）の二種が収録されている。

5 『マハーマーヤー・タントラ』

男神の形をした女神

奥山直司

一 インドの女神崇拝とマハーマーヤー

インドでは六、七世紀頃から女神崇拝が顕在化し、やがてそれは全インドを覆い尽すほどの流れに成長してゆく。水牛の魔神を殺すドゥルガー、血に餓えたカーリー、富と幸福を司るラクシュミーなど、強大な力をもつ女神たちが主役の座に着きはじめたのである。

こうした動きは仏教にも影響を与えずにはおかなかった。たとえば、忿怒形《ふんぬぎょう》の女尊で、サンヴァラやヘーヴァジュラの明妃《みょうひ》とされるヴァジュラヴァーラーヒー（金剛亥母《こんごうがいも》）、またの名をヴァジュラヨーギニー（金剛瑜伽女《こんごうゆがにょ》）は、シヴァ神のシャクティ（力）の凶暴な側面を表す女神たちにも匹敵する存在として、その信仰の普及が図られたようである。

『マハーマーヤー・タントラ』（Mahāmāyā-tantra）もまた、インド密教が女神崇拝の盛行にいかに対応したかの一例ということができる。だがそのあり方は、ヴァジュラヴァーラーヒーの場合とはかなり異なっていた。

マハーマーヤーとは「大いなる幻」という意味である。釈尊の生母摩耶夫人《まやぶにん》は、ある伝承では、マハーマーヤー（大幻化、摩訶摩耶）とも呼ばれる。だがこのタントラの名称が釈尊の母にストレートに結び付けられるわけではない。

この場合のマハーマーヤーは、むしろヒンドゥー教に説かれるマーヤー（幻力）さながらに現象世界を創造し、また破壊するエネルギーであり、同時にこのエネルギーを具現した女神でもある。実際、ヒンドゥー教の聖典『デーヴィー・マーハートミヤ』（女神の偉大さ）にはマハーマーヤーという女神が登場し、それはドゥルガーとも同一視される。このマハーマーヤーと仏教のマハーマーヤーとの関係は今のところ明らかではないが、世界を創造する女神という性格付けは両者に共通している。

試みに、『マハーマーヤー・タントラ』第一説示（説示の原語はニルデーシャ。このタントラは三つのニルデーシャからなる）の一部を引用し、マハーマーヤーがどのように謳われているかを見てみよう。この和訳は、後出の『グナヴァティー』等を参照しつつ、チベット語訳（東北四二五番）から訳出したものである。

動くものと動かないもの（動物と植物、または生物と無生物）を含む梵卵（宇宙）全体に遍満している彼女は、一切の女神たちを生起させるものにして、ブラフマン等の中の偉大なる者である。（第四偈）

彼女は彼女たちの最高の秘密であり、マハーマーヤーであり、マヘーシュヴァリー（大自在母）である。マハーマーヤーであり、マハーラウドラー（大怖畏母）であり、存在する物の破壊者である。（第五偈）

彼女はグヒヤカ（秘密者）たちの母であり、マハーマーヤーとして知られる。三界を完成する者であり、ヴィディヤー（明母）であり、一切の願望を叶える者である。（第七偈）

ここに横溢《おういつ》しているのは、ヒンドゥー教的な大母神のイメージに他ならない。ところが、インド後期密教の尊格としてのマハーマーヤーは、ブッダダーキニーを明妃とする四面四臂のヘールカであることが知られている。女神マハーマーヤーと、マハーマーヤーという女性名詞の名をもつ男神ヘールカとの関係は、いったいどのようなものなのであろうか。

実はヘールカという言葉は、『マハーマーヤー・タントラ』の本文には一度も現れない。だがその第三説示には身語心金剛という男尊が登場する。この尊格はカパーラ、カトヴァーンガ、弓、矢を持物とし、四方を四面四臂の四人の女神（デーヴィー）たちによって囲まれている。この尊格がヘールカ、またはヴァジュラダーカと解釈されるのである。

ラトナーカラシャーンティが著した『マハーマーヤー・タントラ』の注釈書『グナヴァティー』（功徳を有する〈注釈〉）によれば、ヘールカは、根源的な仏であるヴァジュラダラ（持金剛）の最高に秘さるべき相（ムールティ）である。そのヘールカはマハーマーヤーを本性（スヴァバーヴァ）としている。逆にいえば、マハーマーヤーはヘールカを形（ルーパ）としている。この意味において、ヘールカはマハーマーヤーであり、ヘールカと本性を一にする明妃ブッダダーキニーもまたマハーマーヤーである（以上は、第一説示第五、六、一三偈、第二説示第八偈等に対する注釈に拠る）。

このような解釈に立つと、マハーマーヤーは取りも直さずヘールカであるということになる。先の引用文中の「彼女」がすべて「彼」に読み替えられてしまうのである。それがラトナーカラシャーンティ自身の発明であったかどうかは、今のところわからないが、このいささか強引ともいえる解釈によって、大女神の強大な力がインド後期密教の大神ヘールカに付与されることになった。女神の名をもつ男神、否むしろ男神の形をした女神というこの一風変わった尊格は、このようにして出現したものと思われる。

二　文献、相承系譜、マンダラ

『マハーマーヤー・タントラ』は、プトゥンの分類によれば、般若・母タントラ、ヘールカ部族マハーマーヤー系に分類され、この系に属する唯一のタントラである。

このタントラは、チベット大蔵経デルゲ版のチベット語訳で四枚ばかりの小品で、その本文は大部分が韻文（偈頌《げじゅ》）で綴られており、すでに触れたように、三つの説示に分かれている。

このタントラの梵文写本は、インド人仏教学者ラーフラ・サーンクリトヤーヤナ（一八九三―一九六三）がチベットの僧院で撮影した梵文写本の目録の中に一本だけ登録されているが、校訂出版はまだなされていない。ただし、『グナヴァティー』の校訂本には、タントラの梵文テキストが復元、併載されており、取り扱いは慎重でなければならないが、参照には便利である。チベット語訳（東北四二五番）は、インドの親教師ジナパラとチベットの大翻訳官グー・

ククパヘーツェーが翻訳・校閲したものが、チベット大蔵経カンギュル、タントラ部の中に収められている。したがって、その翻訳年代は、グー翻訳官の活動した一一世紀に置くことができる。漢訳は確認されていない。

プトゥンの『陀羅尼大全集』（東北蔵外五一七〇番）と『聴聞録』（東北蔵外五一九九番）によれば、『マハーマーヤー・タントラ』の相承系譜は、持金剛に始まり、ジュニャーナダーキニーを経て、ククリパー、パドマヴァジュラ、ドーンビヘールカ、ティローパー、ナーローパー、シワサンポ、マルパ等の順に続いている。

持金剛とジュニャーナダーキニーは神的存在であるから、『マハーマーヤー・タントラ』の法の人間界における初祖は、八十四成就者の一人にも数えられるククリパーということになる。このことを指して、ターラナータは、『インド仏教史』の中で「ククリパーが『マハーマーヤー』を［人間界に］お招きした」と述べている（Schiefner 1868, p. 209）。

テンギュルのタントラ部には、このタントラに関連する一連の文献、すなわち注釈書、成就法、マンダラ儀軌などが収められている（東北一六二二―一六四八番）。この中でまず注目すべきものは、すでにいくどか取り上げたラトナーカラシャーンティ（シャーンティパー）の注釈書『グナヴァティー』（東北一六二三番）であろう。

『グナヴァティー』の梵文原典は、タントラの復元梵本、および両者のチベット語訳と共に出版されている。

Mahāmāyātantram with Guṇavatī by Ratnākaraśānti. Rare Buddhist Text Series-10, Sarnath:Central Institute of Higher Tibetan Studies, 1994.

著者ラトナーカラシャーンティは、一〇世紀から一一世紀にかけて活動したインド後期仏教を代表する学僧の一人である。『グナヴァティー』は、インドの仏教学者がタントラをどのように解釈し、実践しようとしていたかを示す興味深い事例の一つである。彼には、『マハーマーヤー成就法』(東北一六四三番、『サーダナ・マーラー』二三九番に相当、森雅秀「マハーマーヤーの成就法」『密教図像』第一一号参照)もある。

またククリパーダ(ククリパー)作とされる『マハーマーヤー成就法』(『サーダナ・マーラー』二四〇番、東北一六二九番)と、そのチベット語訳が彼に帰される『マハーマーヤー・タントラに随順したヘールカ成就法』(『サーダナ・マーラー』二四八番、東北一六二七番)は、先に述べたように、ククリパーが『マハーマーヤー・タントラ』の「請来者」に擬せられる人物だけに重要である。

マハーマーヤー・マンダラは、四面四臂のヘールカとその明妃ブッダダーキニーを、東南西北から四人のダーキニー、すなわちヴァジュラダーキニー、ラトナダーキニー、パドマダーキニー、ヴィシュヴァダーキニーが取り囲むというシンプルなものである。この六尊マンダラは、前述のように『マハーマーヤー・タントラ』第三説示に典拠があり、アバヤーカラグプタの『ニシュパンナヨーガーヴァリー』にも収録されている（バッタチャリヤ本、九番）。

6 『チャトゥシュピータ・タントラ』

「死」を「悟り」に転化する

川崎一洋

一　輪廻を超える

生きとし生けるものには必ず死が訪れる。そして、その死はまた新たな生の始まりであり、われわれは輪廻転生を永遠に繰り返し、苦しみに満ちた因果応報の世界を彷徨《さまよ》いつづける。

これは、インドの一般的な死生観である。そしてこの輪廻転生の考えは仏教にも受容され、輪廻のサイクルから抜け出ることこそが、「解脱《げだつ》」すなわち悟りであると考えられるようになった。

解脱を得るには、煩悩を捨て、自我を離れる必要がある。しかしそれは容易なことではない。解脱を得て輪廻の足かせから逃れるには、何度も生まれ変わって修行を積み、気の遠くなるような長い時間をかけてステップアップを重ねる他はない。

しかしインド密教は、今生において即座に解脱を獲得することを可能にする、特殊なヨーガ（瑜伽《ゆが》）による実践法を編み出した。なかんずく後期密教は、瞑想によって絶対的真理の現れである本尊との合一を図る内的なヨーガに加え、究竟次第《くきょうしだい》と呼ばれる生理的ヨーガを採用し、解脱へのさらなる捷径を開いた。

まず後期密教徒たちが注目したのは、『金剛頂経《こんごうちょうきょう》』をはじめとする中期密教の時代から関心が払われてきた人間がもつ「性」のエネルギーである。後期密教の多くの聖典が、女性パートナーと交接し、その快感を悟りの「楽」へと昇華させる性瑜伽の技法を説いている。女尊を抱き、歓喜に顔をゆがめる後期密教の仏たちの姿は、解脱したことによる大いなる快楽（＝大《だい》楽《らく》）を象徴する。

一方、本章で紹介する『チャトゥシュピータ・タントラ』（Catuṣpīṭha-tantra）は、人間の「死」に着目した。

「諸法無我《しょほうむが》」を説く仏教では当初、死は、地・水・火・風の要素から構成される身体が破壊されることであり、死後には何も残らないと考えた。しかし輪廻転生説を標榜するからには、輪廻する主体が必要となる。そこで仏教徒は、死に際しては肉体と意識が乖離し、意識が肉体を捨てて輪廻する、と説明するようになった。

『チャトゥシュピータ』は、この意識が肉体から離れる死の瞬間こそが解脱を得る絶好の機会と考え、生理的ヨーガによって意識の行方を操作し、意識を、輪廻を超えた悟りの世界へ遷移させようとしたのである。『チャトゥシュピータ』が説く「ウトクラーンティ」といわれるその技法については、後に詳しく紹介することにする。

また、死の瞬間を逃しては、意識を解脱に導くことはできない。そこで『チャトゥシュピータ』には、ウトクラーンティの実行に備えて死の時期を的確に知るための、身体に現れるさまざまな「死兆」の相も説明されている。さらにタントラの冒頭には、生まれた季節や時刻によってその人物の性格や運命、死亡年齢を予言する占術が、こと細かに記述されている。これには現代の社会においても人気の高い「星占い」に通ずるものがあり、面白い。

『チャトゥシュピータ・タントラ』。この聖典の主題は、まさしく「死」をいかに「悟り」に転化するかにある。

二　『チャトゥシュピータ・タントラ』の諸資料

『チャトゥシュピータ・タントラ』には現在、六種のサンスクリット写本の存在が知られており、それらは世界各国の研究機関に分蔵されている。しかし、全体の校訂テキストはいまだ出版されていない。

チベット語訳は、『ヨーギニータントラの大王たる吉祥四座《きちじょうしざ》』（東北四二八番）で、ガヤダラとグー・ククパ・レーツェーの共訳になる。ガヤダラはチベット仏教サキャ派の創立に大きな役割を果たしたドクミ訳経官（九九二―一〇七二）の師とされるパンディタで、カシュミールの出身とされる。グー・ククパ・レーツェーは、はじめドクミ訳経官の門を叩いたが密教を伝授されず、みずからインドやネパールに遊学し、七二人の師に就いて種々のタントラを学んだとされるチベット人である。

なおチベットの仏教史書『デプテルグンポ』によれば、チベット仏教後伝期の初頭にチベットに入ったスムリティジュニャーナキールティが、『秘密集会《ひみつしゅうえ》タントラ』や『文殊師利真《もんじゅしりしん》実名経《じつみょうきょう》』（『ナーマサンギーティ』）にかかわる文献とともに『チャトゥシュピータ』を翻訳したとされる。実際、『チベット大蔵経』には、スムリティ訳の『チャトゥシュピータ』の「釈タントラ」（東北四三〇番）が収められている。

中国の敦煌からは『チャトゥシュピータ』の聖典名を記したチベット語文献が発見されており、本格的な新訳密教の時代に先立って、吐蕃《とばん》時代にこのタントラがチベットに伝えられていたことが指摘されている。

その他、『真言分《しんごんぶん》』と呼ばれるいま一編の「釈タントラ」（東北四二九番）が存在する。『チャトゥシュピータ』のサンスクリット写本の中には、この『真言分』に相当すると思われるテキストを付するものもある。

『チャトゥシュピータ』の漢訳は、その存在が確認されていない。

主な注釈書には、バヴァバドラの『ニバンダ』（東北一六〇七番）と、カルヤーナヴァルマンの『アーローカ』（東北一六〇八番、チベット語訳によれば本注釈の第四章はスムリティの作）があり、いずれもサンスクリット原典の写本が伝えられている。

このうち大部の『ニバンダ』の作者であるバヴァバドラは、ヴィクラマシーラ僧院に住した真言行者で、五〇のタントラを熟知したとされる。九世紀後半の人物と考えられている。彼は『ニバンダ』の他にも『チャトゥシュピータ』に関する成就法を著しており、『チャトゥシュピータ』から多くの文言を引用する『ヴァジュラダーカ・タントラ』にも精通していた。

また『チベット大蔵経』には、中観派《ちゅうがんは》の学匠、あるいは「秘密集会」聖者流《しょうじゃりゅう》の行者として知られるアーリヤデーヴァに帰せられる『チャトゥシュピータ』関連の成就法や儀軌《ぎき》が多数収録されており、興味深い。

さらに、『チャトゥシュピータ』はネワール仏教においても重要視され、カトマンドゥ盆地には、『チャトゥシュピータ』マンダラの主尊であるジュニャーナダーキニーの配偶尊とされるヨーガーンバラ尊にまつわる各種の儀軌が継承されている。

三　ウトクラーンティの技法

オウム真理教が引き起こした数々の凄惨な事件は、われわれの記憶に深く刻み込まれている。彼らが、私欲を満たすために犯した殺人を正当化するため、恣意的に用いたチベット密教の用語に、「ポワ」がある。この「ポワ」の語こそが、『チャトゥシュピータ』が説く「ウトクラーンティ」のチベット訳語に他ならない。

ポワの行法は、インドの大成就者ナーローパにちなむ「六法《ろっぽう》」の一つとしてチベットに伝えられ、宗派を超えて重要視された。チベットでは現在でも、死体を鳥葬や荼毘に付す際には、高僧が代わってポワを行う。なお「六法」には、ポワとならんで、肉体を離れた意識を他の死体に憑依《ひょうい》させる「トンジュク」の秘技が含まれるが、その技法は『チャトゥシュピータ』自体には説かれていない。

さて以下では、実際に『チャトゥシュピータ』が記す「ウトクラーンティ・ヨーガ」の内容について見てみよう。

『チャトゥシュピータ・タントラ』は、聖典の題名「チャトゥシュピータ（四つの説法の座）」が示すように、「アートマ・ピータ」（第一章）、「パラ・ピータ」（第二章）、「ヨーガ・ピータ」（第三章）、「グヒヤ・ピータ」（第四章）の四つの章から構成されている。さらにそれら四つの章はそれぞれ四つの節に分かたれている。ウトクラーンティによる行法は、そのうち第四章第三節に説かれている。

『チャトゥシュピータ』の第四章第三節では、まずウトクラーンティの技法に先立って、人間の身体論が述べられる。それによれば、われわれの体内には、胸に八葉の蓮華座、臍に芭蕉の花に似た蓮華座があり、人間の意識（ヴィジュニャーナ）は、胸の蓮華の中央にある「卵房」と呼ばれる臓器の中に住しているとされる。また胸の八葉蓮華の四方の花弁には、われわれの身体を構成する地・水・火・風の四大を司る四尊の女神の種子《しゅじ》を観想するべきであるとされる。

次に、「門の違いによって、輪廻における区別を生じる」と説かれ、「九門」と呼ばれる身体にある九つの孔と、それぞれの孔から意識が抜け出た場合の遷移の行方が次のように示されている。

①眉間↓色界《しきかい》　②臍↓欲界《よくかい》　③頭頂↓高められたる住処
④眼↓人間界　⑤鼻↓夜叉の世界　⑥耳↓さまざまな神通を備えた成就の神の世界
⑦口↓餓鬼界　⑧尿道↓畜生界　⑨肛門↓八大地獄

なお、頭頂から抜け出た意識が遷移するとされる「高められたる住処」は、『チャトゥシュピータ』からウトクラーンティを説く部分を引用する『サンヴァローダヤ・タントラ』では、「解脱をもたらす」と換言されている。

ウトクラーンティを行ずるに際しては、まず呼吸を制御する「クンバカ」を修し、九門を塞ぎ、体内に風《ふう》を充満させる。「クンバカ」というサンスクリットは、「瓶」や「壺」を意味する。そして胸には風輪、性器の根底部には燃え上がる火の種子を観想する。

いよいよ意識を遷移させるときがきた。ウトクラーンティを行ずる行者は胸の風輪に風の種子を観じ、「ヒック」という掛け声とともに二一回の激しい呼吸を行い、意識を風に乗せてなるべく上へ上へと引き上げ、意識が頭頂から抜け出るように努めるのである。

『チャトゥシュピータ』は、次のようにウトクラーンティの功徳を説いて次第を締めくくっている。

九孔の上部から、即座に意識（マーナサ）が遷移すれば、日々バラモンを殺し、五無間罪《ごむけんざい》を犯した者も、窃盗を好み楽しむ者も、この道によって浄化され、罪に汚されることなく、生存の難より遠く離れる。

あたかも泥沼から生じた蓮華のつぼみが汚れなきように、泥沼である肉体から、智慧の身体を望みのままに成就する。


なお、ウトクラーンティは、『サンヴァローダヤ』『ヴァジュラダーカ』『サンプタ』など、後に成立する母タントラ聖典にも引用され、引き継がれることになる。またジュニャーナパーダの『大口伝書《だいくでんしょ》』にもウトクラーンティが説かれるが、用いられる文言も多少異なり、『チャトゥシュピータ』との先後関係は不明である。

四　秘密の饗宴

1　マンダラの構成

以下では、『チャトゥシュピータ』が説くマンダラと、そのマンダラの周囲で繰り広げられる秘密の饗宴について紹介しよう。

『チャトゥシュピータ』においてマンダラは、その第二章第三節に説かれており、一三尊のダーキニーたちによって構成される。『チャトゥシュピータ』の本文に基づき、女神たちの像容をまとめておこう。

尊名	方位	像容
ジュニャーナダーキニー	中央	青。三面六臂。日輪上の獅子座に薩埵趺坐《さったふざ》し、白傘《びゃくさん》蓋《がい》によって飾られる。喜笑と忿怒と嬉戯の三面各々に三眼があり、右手にカトヴァーンガ杖、斧、金剛杵《こんごうしょ》、左手に鈴、器（髑髏杯）、剣を持つ。
ヴァジュラダーキニー	東	白。水の自性。
ゴーラダーキニー	北	黄。火の自性。
ヴェーターリー	西	燃える黄金の色。風の自性。
チャンダーリー	南	青。地の自性。

以上の四尊は二臂で、カトヴァーンガ杖と瑜伽器（髑髏杯）を持ち、獅子座に坐す。

ムカシンヒー（獅子女）	東北	白と黄。象の座に坐す。
ヴィヤーグリー（虎女）	南東	白と青。七宝の座に坐す。
ジャンブキー（豺女）	西南	赤と黒。水牛の座に坐す。

ルキカー（烏女）　北西　黄と赤。龍の座に坐す。
以上の四尊は二臂で、金剛鉤と、期剋印《きこくいん》（タルジャニー）に掛けた索を持つ。
ラージェーンドリー　東門　白。両手を口に入れる。
ディーピニー　北門　黄。両手を頭頂に置き、灯明を持つ。
チューシニー　西門　赤。両手で血を啜《すす》る。
カンボージー　南門　黒。期剋印を結び、棍棒を持つ。
以上の四尊は二臂で、餓鬼の座に坐す。また一三尊の女神たちはみな、ざんばら髪で呵々大笑し、蛇の装身具を着けた恐ろしい姿を呈する。

なお、この「ジュニャーナダーキニー十三尊マンダラ」は、『サンプタ・タントラ』に引用されるほか、アバヤーカラグプタの『ニシュパンナヨーガーヴァリー』第四章にも紹介されている。そこでは四隅に配置される女神たちが、鳥獣面をもつことになっている。

さらに『ニシュパンナヨーガーヴァリー』の第一四章には、一三尊マンダラの周囲に金剛界曼荼羅の八供養女に当たる女神たち、五甘露、五灯明（五肉）、施食《せじき》、酒を満たした髑髏杯を持つ女神たち、さらにヒンドゥー教の神々や精霊たちを配した、五七尊構成の大規模なマンダラが説かれている。このマンダラは主尊ジュニャーナダーキニーの配偶尊である男尊の名を取って「ヨーガーンバラのマンダラ」と呼ばれている。

2 ガナチャクラ儀礼の原初

『チャトゥシュピータ』の第二章第三節には、マンダラ作壇法《さだんほう》の後に、マンダラ供養の儀礼が説かれている。その前半はマンダラ諸尊の印契《いんげい》と真言による一般的な「理供養《りくよう》」を内容とするが、後半には、マンダラの周囲に男女の行者が集い、酒を飲み、肉を食らい、性交を楽しむ、「秘密の饗宴」ともいえる儀礼が述べられている。

饗宴が開かれる会場の入り口には、忿怒尊ニーラダンダに扮した門衛の阿闍梨《あじゃり》が立ち、参加者にチョーマーと呼ばれるボディーランゲージによる秘密のサインを示す。そのサインに答えられなければ、参加者は入場を許されない。『チャトゥシュピータ』の第二章第四節の後半には、二三種のチョーマーに関する解説が見られる。

『チャトゥシュピータ』において「ヨーガヨーギニー・マンダラ（瑜伽者と瑜伽女の輪）」と記されるこのような秘密の饗宴は、他の母タントラや、マンダラ儀軌書では「ガナチャクラ（聚輪）」と呼ばれ、タントラ行者たちが行う一般的な儀礼とされる。ガナチャクラの儀礼を説く後世のテキストには『チャトゥシュピータ』より多くの偈頌《げじゅ》や真言、文言が引用されており、『チャトゥシュピータ』が、ガナチャクラを説く権威的な文献として認められていたことがわかる。なお後世、ガナチャクラは灌頂《かんじょう》の付帯儀礼として扱われるようになるが、『チャトゥシュピータ』では、灌頂作法は別の箇所に説かれている。

『チャトゥシュピータ』が説く秘密の饗宴の内容について、俯瞰しておこう。

まず参加者たちは、瑜伽女たちを称賛する偈頌を詠唱し、自性《じしょう》、金剛、瑜伽を清浄になす三種の真言を唱える。

次に、「蓮華の旋転」と呼ばれる印契によって、髑髏杯の中に盛られた五甘露と酒を加持する。そして、インドのカースト制度の中で絶対に共に食事をすることが許されない「バラモン」と不可触民の「チャンダーラ」、さらに不浄とされる「犬」の三者が平等である、という、タブーをあえて勧める内容の偈頌を唱えて、それらを享受する。この偈頌がサンスクリットではなく、俗語によって綴られていることは注目される。

続いて「施食」が行われる。施食とは、いわば供物のおこぼれを、低級な神々に施す儀礼である。『チャトゥシュピータ』が説く施食では、各々四尊ずつの女神を従えた、クリシュナルドラ、マハールドラ、デーヴァダッタ、クリシュナ、カラーラ、ビーバトサ、ナダーティータ、ヴィナーヤカの八尊の神々が召請《ちょうしょう》され、香華とともに器に盛った肉や魚などの食物や五甘露が奉献される。この施食の作法は『ヴァジュラダーカ・タントラ』の第一八章にも引用されている。

施食に続き、「五鉤《ごこう》」の観想が行われる。注釈書によれば、「五鉤」とは人間、象、犬、牛、馬の肉で、他の母タントラ聖典にいわれる「五灯明」に当たる。「五鉤」については第二章第四節のはじめに説明があり、毘盧遮那《びるしゃな》、阿閦《あしゅく》、宝生《ほうしょう》、無量光《むりょうこう》、不空成就《ふくうじょうじゅ》の五仏を本質とし、食することによって成就を得るとされる。さまざまな動物の肉も、饗宴において供されたのであろう。

最後に、「アーリとカーリの結合によって、一切の神々を歓喜させなさい。その中央に生じた、一切の甘露を味わいなさい」と説かれ、男女の瑜伽者により性瑜伽が実修される。「アーリ（母音）とカーリ（子音）」とは女性と男性、「甘露」とは女性器に放出された精液を示す隠語である。なんとも生々しい表現であるが、注釈書は、「［アーリとカーリの結合とは、］無貪によって方便と般若を等しく摂入することである」と会通《えつう》を図っている。

『チャトゥシュピータ・タントラ』は、プトゥンのタントラ分類法によれば、無上瑜伽母タントラ・毘盧遮那部族に分類される。このタントラは、母タントラのいわば「王道」である『ヘーヴァジュラ』や『サンヴァラ』などのヘールカ部族に属する諸タントラに比べ、「傍系」と見なされてきた。しかし、ウトクラーンティの行法やガナチャクラの儀礼をいち早く説くなど、『チャトゥシュピータ』が母タントラの歴史の上で果たした役割は決して小さくない。

7 『サンプタ・タントラ』

温故知新

野口圭也

一 『サンプタ・タントラ』の基本的性格

1 「サンプタ」とはなにか

古代中国の孔子《こうし》に、「温故知新」という有名なことばがある（『論語《ろんご》』「為政篇《いせいへん》」）。「故《ふる》きを温《たず》ねて新《あたら》しきを知る」と読まれる。「昔のことをよく学んで、そこから新しい知識を見つけだすこと」を意味する、よく知られたことばである。

「温故知新」ということばは、実際には「以《もっ》て師と為《な》るべし」と続く。過去の教えを学ぶことによって、今現在に通用する知識を見いだすことのできる人物こそが、人を導く師匠となることができる、というのである。いまだかつて存在しなかったまったく新しいアイディアは、そうそうたやすく生み出されるものではない。現在の考え方や発想に行き詰まりを感じたときに、先人の教えをひもとき、それに学ぶことによって、今まで見過ごしてきた思考方法に気づいたり、埋もれていた知識を発掘することができる。それが新しい発想への突破口となることがある。われわれが古典を学ぶ意義も、実にそこにあるのではないだろうか。

もろもろの後期密教文献の中には、この「温故知新」的な性格をもつものがある。本章で取り上げる『サンプタ・タントラ』がそれである。この経典は既存のタントラ文献を集めてつなぎ合わせ、巧みに合成して構成されている。

『サンプタ・タントラ』は、無上瑜伽《むじょうゆが》・母タントラに配当されている。正しい名称を『サンプタ・ウドゥバヴァ・タントラ』(Samputa-udbhava-tantra) という。「サンプタ」とは聞き慣れないことばである。「ウドゥバヴァ」は「出現」「出生」「生起」を意味するので、『サンプタ・ウドゥバヴァ・タントラ』とは「サンプタ出現タントラ」ということになるが、では「サンプタ」とは何を意味することばであろうか。

サンスクリット語の辞書には、「サンプタ」とは「半球状のボウル、または、なにかそのような形をしたもの」あるいは「空洞」「二つのボウルの間の空間」「丸く覆われたケースや筐《はこ》」などの意味が記されている。しかし「半球の出現」では何のことかわからない。日本で出版されたチベット大蔵経の目録では、「サンプタ」に「正相合」あるいは「真実相応」という訳語が当てられている。しかし「正相合」ではむしろ、半球形のものが二つ合体して球体になっているような感じを受ける。

タントラの題名としての「サンプタ」は、半球形の物体そのものではなく、象徴的ないし教理的な意味で用いられている。「サンプタの出現」に近い題名の経典として、『サンヴァラ・ウダヤ・タントラ（Saṃvara-udaya-tantra）』というものがある。「ウダヤ」は「ウドゥバヴァ」とほぼ同じく、「出現」「出生」を意味する語である。

「サンヴァラ」とは、「最勝楽《さいしょうらく》」であり、性的ヨーガの実修によって到達される、最高究極の境地を指すことばである（津田真一「ḍākinījālasaṃvara の原像」『印度学仏教学研究』二〇―一、一九七二）。すると「サンプタ」もまた「サンヴァラ」のように、このタントラにおける最高究極の境地、悟るべき真実を表したことばなのではないか、と予想される。

このタントラは、冒頭の第一章第一節において、タントラの性格と、その題名について解説を与えている。

まず「サンプタ・ウドゥバヴァ・タントラ」の性格について、「『秘密集会《ひみつしゅうえ》タントラ』などの」すべてのタントラをゆかりとし、［仏・菩薩以外には］秘密である」ということばが付加されている。ここに言う「［『秘密集会タントラ』などの］すべてのタントラをゆかりとし」とは、『秘密集会タントラ』などの一切のタントラが、この『サンプタ・タントラ』の記述の原型となっていること、ことばを換えれば、『サンプタ・タントラ』は他の多くのタントラ文献に基づいて編纂されたものであることを暗示するものである。冒頭に述べた本タントラの基本的な性格が、題名に対する形容詞の中に含まれているのである。

続いて題名の由来について、まず「サンプタ」とは「般若」すなわち空性の智慧と、「方便」すなわち大悲とを本体としており、さらにその両者が「等至」、すなわち完全に融合して一体となった境地である菩提《ぼだい》を意味しているという。この境地が生起するタントラが、すなわち『サンプタ・ウドゥババヴァ・タントラ』である。

『サンヴァラ・ウダヤ・タントラ』において「サンヴァラ」がこのタントラにおける最高究極の境地を意味していたのと同様に、ここでは「サンプタ」の語が、般若と方便、すなわち「智慧と慈悲」とが完全に融合した、このタントラにおける最高の境地、究極の真理を表しており、それが出現するタントラ、というのが題名の意味である。

無上瑜伽・母系を代表するタントラである『ヘーヴァジュラ・タントラ』においては、サンスクリット原語のジェンダーそのままに、「般若」とは生身《なまみ》の女性、「方便」とは生身の男性を表していた。そして両者の合体が、そのまま菩提を意味していたのである。『サンプタ・タントラ』でも同じく、般若と方便の合一が菩提の境地であるのだが、それを「サンプタ」という別のことばで表現しているわけである。

一方、「サンプタ」の語は、抽象概念ばかりではなく、具体的な尊格《そんかく》のこともまた意味している。先の題名の解説に続いて、「あるいはまた『すべてのタントラをゆかりとするサンプタ』の語で、金剛薩埵《こんごうさった》のことをいう」と述べられている。金剛薩埵とは、後に取り上げる本タントラのマンダラの中でも最も規模の大きな「金剛薩埵マンダラ」の主尊である。

ここでは、金剛界曼荼羅で四如来を四名ずつ取り囲む十六大菩薩の筆頭としての金剛薩埵に相当する尊格ではなく、『ヘーヴァジュラ・タントラ』におけるヘーヴァジュラ尊に匹敵する、法身仏《ほっしんぶつ》としての金剛薩埵なのである。この尊格は、すべてのタントラをその出現の根源としており、さらに、般若と方便が融合した最高の菩提の境地であるサンプタの状態にある。

ではなぜ、他の語ではなく「サンプタ」の語が題名に用いられたのであろうか。それはもともと「サンプタ」の語に性的な意味も含まれていることによる。先に述べたように、『ヘーヴァジュラ・タントラ』では、般若と方便をそれぞれ生身の女性と男性に配当し、両者の一体化、すなわち性的合一を菩提とみなしていた。『サンプタ・タントラ』はそれを継承し、般若と方便の融合に性的な意味をも込めて「サンプタ」の語によって表現したのであろう。つまり「サンプタ」とは、次の三つの意味を含んでいる。
①般若と方便が融合した菩提の境地
②菩提の境地を体現した法身仏である金剛薩埵
③生身の男女の交合によって象徴的に表現される、般若と方便の融合の状態
このような境地が出現すること――タントラの行者がこのような境地に到達し、金剛薩埵との一体化を達成すること――、それがこのタントラの目的とするところであり、それを「サンプタの出現」ということばで表現したのが、このタントラの題名なのである。

2 諸タントラ文献の習合・折衷・合成

前節で述べた通り、このタントラには、先行する諸タントラ文献から多くの引用がなされている。むしろ、他のタントラ文献のつぎはぎによって構成されているという方が適切なほどである。

『サンプタ・タントラ』の習合《しゅうごう》・折衷的性格は、具体的には次のような項目に見いだされる。

(1) 巡礼の実践―サンヴァラ系密教を特徴づける巡礼の実践について見ると、本タントラは、『サンヴァラウダヤ・タントラ』と『ヘーヴァジュラ・タントラ』における巡礼の記述の習合を意図している(津田真一「サンヴァラ系密教に於ける pīṭha 説の研究(Ⅱ)」『豊山学報』第一七・

一八合併号、一九七三年)。

(2)五相成身観―本タントラにおける五相成身観《ごそうじょうじんかん》についての記述は、瑜伽タントラである『金剛頂《こんごうちょう》タントラ』から、少し変更を加えて引かれたものである(中條賢海「『秘密相経』所説の五相成身観」『豊山教学大会紀要』第八号、一九八〇年)。他にも『グヒヤマニティラカ』や漢訳『秘密相経《ひみつそうきょう》』と共通する部分が多い。

(3)灌頂―本タントラの第二章第一節である「菩提心灌頂品《ぼだいしんかんじょうぼん》」では、章の全体にわたって、『ヘーヴァジュラ・タントラ』と、アナンガヴァジュラ(八世紀後半〜九世紀頃)の著作『般若方便決定成就《けつじょうじょうじゅ》』(Prajñopāyaviniścayasiddhi)を主たるソースとし、さらに『秘密集会タントラ』までも引いて合成し、一部改変し、さらに補足を加えている。

とくに『ヘーヴァジュラ・タントラ』と『般若方便決定成就』からの引用偈は、「菩提心灌頂品」全体の八割以上を占め、しかもそれらを単純に並べるのではなく、複雑に組み合わせて合成している。出典を見いだせなかった部分は、主として儀礼を実際に行うための具体的な補足説明である。

なお『ヘーヴァジュラ・タントラ』と『般若方便決定成就』からの引用は、他の章にもひんぱんに顕著に見られる。『サンプタ・タントラ』では、この両書が特に重要視されていたことがうかがわれる。

このように『サンプタ・タントラ』では、実践と教理の両面にわたり、主要な要素のほとんどすべてにおいて、他のタントラ文献からの多くの引用が見いだされ、そしてそれは単なる引用ではなく、構成しなおし、必要に応じて改変を行い、補足を加えて編集されていることから、既存のタントラ文献の習合・折衷・合成こそが、『サンプタ・タントラ』の基本的性格であると理解できる。

『サンプタ・タントラ』が引用している先行する諸タントラ文献と、本タントラ自身との間の時間的な隔たりは、おそらくは最大でも三〇〇年程度であろう。そのはるか前から続く仏教の伝統を考えれば、「温故」というほど古くはないかもしれないが、『秘密集会タントラ』の成立以降、『ヘーヴァジュラ・タントラ』そしてサンヴァラ系のタントラへと、前へ前へと展開していった密教の流れからすると、流れに逆らって先行する文献へと遡り、それらをうまく合体することによって新たな意義を見つけ出そうとする「温故知新」に相当する意識が、このタントラの編纂者の心中にうかがえることは興味深い。

二　テキスト、注釈、そして編者？

1　サンスクリット写本とテキスト

『サンプタ・タントラ』は、全一一章からなる、長編の経典である。第一章から第一〇章までは、おのおの四つの節に分かたれているが、第一一章のみは節に分かれていない。無上瑜伽・母タントラの中でもかなり流布していたようで、一〇本以上のサンスクリット写本が今日まで残されている。ただし、サンスクリット写本の中には、第一一章を含まずに第一〇章までで終了しているものがいくつか存在する。しかし全体のサンスクリット校訂テキストは未だ出版されていない。部分的な校訂テキストは、日本の研究者による次のものがある。

津田真一（サンスクリット校訂テキストと和訳）…第一章第二節の一部、第二章第一節、第五章第一節、第六章第一節の後半、第六章第二節の後半

磯田熙文（サンスクリットならびにチベット語校訂テキスト）…第三章第一節の一部、第三章第四節の一部

野口圭也（サンスクリット校訂テキスト）…第一章第一節の冒頭部、第二章第二節の一部、第三章第一節、第三章第三節、第三章第四節

まとまったものとしては、タデウシュ・スコルプスキーによるもの（第一章・第二章全体）がある。

Skorupski, T.,"The *Saṃpuṭa-tantra* Sanskrit and Tibetan Versions of Chapter One", The Buddhist Forum, vol. Ⅳ, SOAS, London, 1996, pp.191－244

Skorupski, T.,"*The Sampuṭa-tantra* Sanskrit and Tibetan Versions of Chapter Two", The Buddhist Forum, vol. Ⅳ, The Institute of Buddhist Studies, Tring, 2001, pp.223－269

このスコルプスキーの校訂テキストは、いずれも冒頭に詳細な解説が付されており、本タントラの理解に有益である。

この他に、S・B・ダスグプタによる内容の部分的紹介がある。

なお、『秘密集会タントラ』のサンスクリット写本の一部に含まれている、『秘密集会タントラ』の「後半部」として増広されている部分は、実は『サンプタ・タントラ』の一部を用いて後に作成されたものであることが明らかにされている（塚本啓祥・松長有慶・磯田熙文編著『梵語仏典の研究Ⅳ　密教経典篇』平楽寺書店、一九八九年）。

2 チベット語訳と漢訳

本タントラのチベット語訳は、ガーヤダラとシャーキャ・イェシェーの二人によってなされている。このうちシャーキャ・イェシェーの年代は九九二―一〇七二年とされている（スコルプスキー、前掲書、一九九六年）ので、本タントラはおおむね一一世紀半ば頃の訳出であることが理解される。この両名は、『ヘーヴァジュラ・タントラ』のチベット語翻訳者と同一である。これがため、『サンプタ・タントラ』中に見られる『ヘーヴァジュラ・タントラ』との共通部分のチベット語訳は、ほぼまったくといってよいほど一致している。

チベット大蔵経では北京版（大谷二六番、二七番）でも、デルゲ版（東北三八一番、三八二番）でも、第一章から第一〇章までと、第一一章との二本に分けて収められている。チベット大蔵経の目録では、第一一章に『サンプタティラカ』(Sampuṭatilaka) という名を与えており、恐らく第一一章は「続タントラ」として扱われていたものと考えられる。第一一章は、元来は『サンプタ・タントラ』のさまざまなパッセージに対する注釈として書かれた独立した著作であった、との説もある（スコルプスキー、前掲書、一九九六年）。

一方、本タントラ全体の漢訳は存在しないものの、宋代の施護《せご》によって漢訳された『秘密相経』（大正蔵八八四番）は一部共通している。

『サンプタ・タントラ』第三章第四節に説かれる五相成身観は、『秘密相経』をはじめ『金剛頂タントラ』(Vajraśekharamahāguhyayogatantra)、『グヒヤマニティラカ』(Guhyamaṇitilaka) に説かれるものと極めてよく一致している。しかし、『秘密相経』と『サンプタ・タントラ』の記述との間には相違もあり、『サンプタ・タントラ』が漢訳『秘密相経』の直接の原典であるとは認められない。また三巻よりなる『秘密相経』のうち、『サンプタ・タントラ』と共通する部分があるのは、巻上から始って巻中の冒頭までにとどまっており、このことからも両者が同一の経典であるということはできない。

よって『秘密相経』の年代は、『サンプタ・タントラ』の成立年代とは直接の関係はもたない。またこの五相成身観の部分は、『秘密相経』以外にも共通する密教経典が存在するので、『秘密相経』原典の年代が『サンプタ・タントラ』成立の上限となるわけでもないのである。

3 注釈書

『サンプタ・タントラ』には、以下の三本の注釈書が存在している。いずれもサンスクリット写本は確認されておらず、チベット訳でのみ残されている。

インドラボーディ著『スムリティサンダルシャナアーローカ』(Smṛtisaṃdarśanāloka)
チベット大蔵経北京版大谷目録二三二七番、デルゲ版東北目録一一九七番

アバヤーカラグプタ著『アームナーヤマンジャリー』(Āmnāyamañjarī)
チベット大蔵経北京版大谷目録二三二八番、デルゲ版東北目録一一九八番

ヴィーリヤヴァジュラ著『ラトナマーラー』(Ratnamālā)
チベット大蔵経北京版大谷目録二三二九番、デルゲ版東北目録一一九九番

これら三本の中では、アバヤーカラグプタの『アームナーヤマンジャリー』が他の二本よりも分量がかなり多い。このうち、アバヤーカラグプタは一一世紀後半から一二世紀前半に活躍した、後期密教を代表する学匠である。他の二名の伝記は未詳であるが、年代的にはアバヤー

カラグプタとほぼ同時期であろう。

4 アバヤーカラグプタとの関係

三名の注釈者の中で、アバヤーカラグプタは後期密教の研究の上で特に重要な人物である。『ニシュパンナヨーガーヴァリー』『ヴァジュラーヴァリー』『ジュヨーティルマンジャリー』の三部書は、インド密教のマンダラ、灌頂、護摩《ごま》儀礼の研究には欠かすことはできない。諸尊の成就法《じょうじゅほう》の膨大な集成である『サーダナサムッチャヤ』『サーダナマーラー』もまた、アバヤーカラグプタによる編纂を原型とする（これらの文献については『インド後期密教〔上〕』第7章・第8章参照）。

これらのマンダラや成就法は、アバヤーカラグプタ自身が創作したのではなく、彼以前に多くの密教の学匠や行者らによって作り出されていたものを彼が編纂したものである。『サンプタ・タントラ』のように、既存の文献から引用してつなぎ合わせているのではないが、先行する資料に素材を求める発想は、アバヤーカラグプタの著作と『サンプタ・タントラ』に共通性があるといえるだろう。

また、アバヤーカラグプタの『サンプタ・タントラ』に対する注釈書は、三本の注釈書の中で格段に分量が多く、明解な注記が施されている。このことは、彼が『サンプタ・タントラ』

に極めてよく通暁《つうぎょう》していたことを示唆するものである。

そして『ニシュパンナヨーガーヴァリー』に収められているマンダラと、注釈書『アームナーヤマンジャリー』に説かれる『サンプタ・タントラ』所説のマンダラの間には顕著な共通性が見られる。さらに『ニシュパンナヨーガーヴァリー』におけるマンダラの配列順序を検討すると、第一番目・第二番目は『秘密集会タントラ』所説のマンダラ、そして第三番目が『サンプタ・タントラ』所説の金剛薩埵マンダラであり、その後の四・五・六番目のマンダラは、いずれも『サンプタ・タントラ』の第三章に説かれるものである。

無上瑜伽タントラの嚆矢となる『秘密集会タントラ』のマンダラのすぐ次に、『サンプタ・タントラ』の中心的なマンダラが置かれ、さらに同じく『サンプタ・タントラ』に説かれるマンダラが並ぶ、というこの配列順序は、アバヤーカラグプタが『サンプタ・タントラ』を極めて重要視していたことの傍証となり得るだろう。

アバヤーカラグプタの編纂した文献と『サンプタ・タントラ』との発想の共通性、注釈書から伺われる『サンプタ・タントラ』への理解、さらに『ニシュパンナヨーガーヴァリー』におけるマンダラの配列順序。これらを考慮すると、『サンプタ・タントラ』の編纂・作成そのものに、アバヤーカラグプタが関与していた可能性を想定することができるのではないかと思われるのである。

年代的にそれは可能であろうか。アバヤーカラグプタの年代は、『カーラチャクラ・タントラ』の成立以降の一一世紀後半から一二世紀前半で、一一二五年没という説もある。一方、『サンプタ・タントラ』成立の最下限は、チベット語翻訳者であるシャーキャ・イェシェーの没年、すなわち一〇七二年である。これだと、アバヤーカラグプタと『サンプタ・タントラ』とが同時代であるのは、かろうじて一一世紀中頃から一〇七二年までの間である。しかしこれでは、シャーキャ・イェシェーは成立後間もない経典を翻訳したことになる。また、仮にアバヤーカラグプタが『サンプタ・タントラ』の編纂に関与していたのだとすると、『サンプタ・タントラ』の成立は確実に『カーラチャクラ・タントラ』以降であることになる。これらの点については、今後のより詳細な研究が待たれるところである。

三　マンダラに見る「温古」の実際

マンダラとは本来、それぞれの密教経典が設定する、本尊とそれを取り囲む諸尊のパンテオンである。したがって、マンダラにはその経典の特色が端的に表されることになる。

『サンプタ・タントラ』では第三章において四つの節それぞれに一つずつ、さらに第一一章に一種の、計五種のマンダラが説かれている。これらのマンダラを構成する諸尊の配置は本章の末尾（一六七〜一七一頁）に列挙したので、それぞれの詳細は表Ⅰ〜Ⅴを参照されたい。

これらはいずれも、新しい思想に基づいて新たな展開を見たマンダラ、というよりも、既存の文献に説かれるマンダラを折衷・合成して、いくばくかの改変を加えたもの、という性格が強い。

これらのマンダラの中で最も規模の大きい表Ⅳの金剛薩埵マンダラには、このタントラの基本的な特色である習合・折衷の要素が顕著に見られる。すなわち、このマンダラの中心部では、尊名は父タントラを継承し、尊容は母タントラを継承している。周縁部の女性尊は金剛界曼荼羅の供養菩薩と、楽器の名称をもつ母タントラの尊格とが混在している。全体の構成としてはサンヴァラ系のマンダラに類似しているが、諸尊の尊名は先行する他のタントラから適宜抽出して採用している、と田中公明によって指摘されている（『曼荼羅イコノロジー』平河出版社、一九八七年）。

金剛薩埵マンダラは、一見して明らかなように、無上瑜伽・母タントラのマンダラでありながら、中央の男性の主尊を取り囲んで『秘密集会タントラ』と同じ四仏四明妃《みょうひ》が配され、第二輪ではいかにも母タントラ的な名称をもつ女性尊が置かれる。そしてその外側には、金剛界曼荼羅の内外の八供養《はちくよう》・四摂《ししょう》菩薩と、無上瑜伽的な女尊とがあわせて配置される、という、無上瑜伽母・無上瑜伽父・瑜伽タントラのそれぞれの要素を折衷的にあわせもっていることになる。

これは、諸タントラ文献の習合・折衷・合成という、正しくこのタントラの基本的な特色を端的に表したマンダラなのである。

表Vの金剛界曼荼羅も、尊数は本来の金剛界曼荼羅と同じく三七であるが、四波羅蜜《しはらみつ》菩薩と十六大菩薩が省かれ、代わりに表IVの金剛薩埵マンダラと共通する女尊と、秘密集会マンダラと共通する八大菩薩が配置されている。金剛界曼荼羅・金剛薩埵マンダラ・秘密集会マンダラを合成したようなマンダラとなっている。

表Iから表IIIの、他の三種のマンダラも、いずれも他の文献を全面的に典拠としている。表Iのヘールカ・マンダラは『ヘーヴァジュラ・タントラ』の九尊マンダラと『サルヴァブッダ・サマーヨーガ・ダーキニージャーラ・サンヴァラ・タントラ』のヘールカ族マンダラ、表IIIのナイラートミヤー・マンダラは『ヘーヴァジュラ・タントラ』の一五尊マンダラと密接な関係をもつ。

表IIのヴァジュラダーキニー・マンダラは、元来は『チャトゥシュピータ・タントラ』のマンダラであるが、このマンダラはさらに、『ニシュパンナヨーガーヴァリー』第一四のヨーガームバラ・マンダラとも共通している。ジュニャーナダーキニー・マンダラは、典拠である『チャトゥシュピータ・タントラ』とよく一致しているが、ヘールカ・マンダラやナイラートミヤー・マンダラは、『ヘーヴァジュラ・タントラ』所説のマンダラと比較すると、尊数が増加していたり、手の数が増えていたりと、新たな要素が加えられている。しかし構造的に新たな展開を示しているわけではなく、従来のマンダラの部分的な改変にとどまっている。

表Ⅰから表Ⅲはいずれも母タントラのマンダラ、表Ⅳ・Ⅴは父母瑜伽折衷的なマンダラであるが、これら五種のマンダラ相互の関連は、現時点では不明である。第三章の第四節に説かれる表Ⅳの金剛薩埵マンダラが、このタントラの最も重要かつ中心的なマンダラであると考えられるが、第三章では表Ⅰから Ⅳへと順次ステップアップするように設定されているのか、それとも単に列挙されているだけなのかは、判断がつきかねる。また表Ⅳと表Ⅴのマンダラの関係もはっきりしない。しかし、このような複数のマンダラを挙げること自体にも、習合・折衷・合成という特色が見られるそれぞれのマンダラの構成にも、『サンプタ・タントラ』の「温故知新」的な性格が如実に反映されているといえるだろう。

四 「温故」の背景と「知新」の展望

これまでに見てきたように『サンプタ・タントラ』は、「諸タントラ文献の習合・折衷・合成」という顕著な特色を持っている。これは偶然そうなっているのではなく、タントラの題名から実際の内容、マンダラの構成に至るまで徹底しており、習合・折衷・合成を明確に意図して編纂された経典であるといえる。ではなぜ、このような経典が作り出されたのであろうか。

インド密教の歴史は、『真実摂経《しんじつしょうきょう》』における五相成身観と金剛界マンダラ、そして灌頂儀礼の成立によって大きな飛躍を遂げ、それは次の時代の無上瑜伽タントラへと発展的に継承されてゆく。無上瑜伽タントラでは新たに性的ヨーガを実践に導入し、マンダラもまたそれと対応するものに変化し、教理面でもそのような実践が可能である根拠を与えていった。

性的なヨーガは、脈管《みゃくかん》やチャクラを用いる擬似生理学的行法や、巡礼の実践とも結びついてさらに発展を遂げていった。それとともに経典の数も増加し、マンダラもまた、秘密集会マンダラからヘールカ・マンダラ、ナイラートミヤー・マンダラ、サンヴァラ・マンダラ、そして最終的にカーラチャクラ・マンダラへと展開を示す。

しかし実践や教理やマンダラが展開し、経典が新たに作られていく、ということは、裏を返せば、最終的かつ決定的な実践法や教理あるいはマンダラが確定されなかった、ということでもある。

ある実践や教理の体系が完璧なものであり、真に有効であると認められれば、その後に必要とされるのはそれに対する微少な修正のみである。しかし実践や教理に不十分・不完全な点があれば、それを改良し、あるいは新たなシステムを作り出すことが必要となる。

瑜伽タントラから無上瑜伽タントラへの展開、そして無上瑜伽タントラ成立以降の実践法と教理の展開は、それぞれの時点での最新のシステムへの不満と懐疑が根底にあったからこそ進展していったのではないかと思われるのである。

もし完璧な教理と実践のシステムが完成していれば、それによってすべてが解決するはずである。しかし実際にはそうはならなかった。実践する人間に問題があるのか。それともシステムに欠陥があるのか。恐らく母タントラの行者たちはシステムの欠陥としてとらえ、新しいシステムを作り出すことに心を砕いたのであろう。

無上瑜伽タントラでも父系では『秘密集会タントラ』が権威として確立し、タントラ自体の変化と発展というよりも、あくまでも『秘密集会タントラ』を根本に置いた流派として系譜が相承されていった。これに対して母タントラでは、根本の権威となるべきタントラそのものが次々と多量に作成されていく。それは実践上・教理上の必要性によるものであったろうが、逆にこのことがシステムの不完全さを露呈しているのではないだろうか。

八世紀末の無上瑜伽タントラの成立から、『サンプタ・タントラ』成立の下限である一一世紀中頃までの二〇〇年あまりの間に、このような状況が進み、『サンプタ・タントラ』成立の時代には、もはや新たな実践と教理の体系を生み出すことのできない、閉塞状況に陥っていたと想像される。

実践的にも、ヨーガから性的ヨーガ、さらに生理学的行法、巡礼とその内観化と、考えられる限りの方策を出し尽くし、マンダラもサンヴァラ・マンダラやカーラチャクラ・マンダラのように大規模なものへと展開を遂げた。教理面でも、二元性を完全に超越した最高究極の真理に、サハジャ（倶生《くしょう》）という生得的な意味を付加した。真理が生得的なものとされれば、それは初めから自らのうちに含まれていたことになる。しかしそれでも、悟りへの決定的かつ最終的な有効手段とはならなかったのであろう。

そこに現れたのが、これまでの足跡を振り返り、既存の密教文献を整理し、それらをつなぎ合わせることによって何らかの新しい道を見いだそう、という、まさに「温故知新」そのものの発想だったのではないだろうか。

アバヤーカラグプタが、それまでに作られたマンダラや護摩儀軌、あるいは成就法の集大成を編纂したのも、同じ発想に基づくものであったといえるだろう。めざましい発展が出尽くして停滞へと移ってゆく時代背景の下で、『サンプタ・タントラ』が成立し、アバヤーカラグプタの編纂作業がなされていたと考えられるのである。

彼らの努力は果たして実を結んだのであろうか。われわれは一三世紀初頭のインド仏教の滅亡という結果を知っている。それを前提として過去を見た場合には、かれらの努力も空しく、インド仏教衰退の流れを押しとどめることができなかったことになる。

しかしその時代の中で生きて、密教を実践していた『サンプタ・タントラ』の作者たちは、なんとかして実践と教理の行き詰まりを乗り越え、密教の新たな局面を切り開こうとして、日々努力していたことであろう。切実に「知新」を求めていたことと想像されるのである。

実際にインド密教が、（結果的には最後となる）新たな展開を遂げるのは『カーラチャクラ・タントラ』の成立によってである。『カーラチャクラ・タントラ』の成立は一一世紀、時輪暦《じりん》の元年は一〇二七年とされるので（本書、一七八頁以下参照）、『サンプタ・タントラ』の成立時期と大きな隔たりはないと考えられる。

『サンプタ・タントラ』と『カーラチャクラ・タントラ』との具体的な関係は、成立順序を含めて、今の時点ではまったく不明という他はないが、いずれのタントラも、方法論は異なるとしても、インド密教の陥っていた閉塞状況を何とかして打開することを目指していたことは確実であろう。『カーラチャクラ・タントラ』は密教に新しいシステムを導入することを意図した。『サンプタ・タントラ』の「温故知新」も、目は過去の文献に向けて習合・折衷の素材を求めていたとしても、根底にある意識は前方に、未来の密教へと向けられていたのである。

【マンダラの構成】

タントラ本文では尊名が省略されている場合は注釈書『アームナーヤマンジャリー』によって補った。

表I　ヘールカ・マンダラ（第三章第一節所説、『ニシュパンナヨーガーヴァリー』五と一致）

内輪《ないりん》	中央	ヘールカ／ナイラートミヤー
	東	ガウリー
	南	チャウリー
	西	プラモーハー
	北	ヴェーターリー
	北東	プッカシー
	南東	チャンダーリー
	南西	ガスマリー
	北西	シャヴァリー
外隅	北東	ヴァンシャー
	南東	ヴィーナー
	南西	ムクンダー
	北西	ムラジャー
四門	東	ハヤースヤー
	南	シューカラースヤー
	西	シュヴァーナースヤー
	北	シンヒニー

表II　ジュニャーナダーキニー・マンダラ（第三章第二節所説、『ニシュパンナヨーガーヴァリー』四と一致）

内輪	中央	ジュニャーナダーキニー
	東	ヴァジュラダーキニー
	南	チャンダーリー
	西	ヴェーターリー
	北	ゴーラダーキニー
四隅	東北	シンヒニー
	東南	ヴィヤーグリー
	西南	ジャンブキー
	西北	ウルーキー
四門	東	ラージェーンドリー
	南	カームボージー
	西	チューシニー
	北	ディーピニー

表III　**ナイラートミヤー・マンダラ**（第三章第三節所説、『ニシュパンナヨーガーヴァリー』六と一致）

内輪	中央	ナイラートミヤヨーギニー
	東	ヴァジュラー
	南	ガウリー
	西	ヴァーリヨーギニー
	北	ヴァジュラダーキニー
外輪	東	ガウリー
	南	チャウリー
	西	ヴェーターリー
	北	ガスマリー
	北東	プッカシー
	南東	シャヴァリー
	南西	チャンダーリー
	北西	ドームビー
上		ケーチャリー
下		ブーチャリー
四門	東	ハヤースヤー
	南	シューカラースヤー
	西	シュヴァーナースヤー
	北	シンハースヤー
四隅	北東	ヴァンシャー
	南東	ヴィーナー
	南西	ムクンダー
	北西	ムラジャー

表Ⅳ　金剛薩埵マンダラ（第三章第四節所説、『ニシュパンナヨーガーヴァリー』三と一致）

内輪	中央	金剛薩埵《こんごうさった》
	東	毘盧遮那《びるしゃな》
	南	宝生《ほうしょう》
	西	無量光《むりょうこう》
	北	不空成就《ふくうじょうじゅ》
	北東	ローチャナー
	南東	マーマキー
	南西	パーンダラヴァーシニー
	北西	ターラー
第二輪	東	ラウドリー
	南	ヴァジュラビムバー
	西	ラーガヴァジュラー
	北	ヴァジュラサウミヤー
	北東	ヴァジュラヤクシー
	南東	ヴァジュラダーキニー
	南西	シャブダヴァジュラー
	北西	プリティヴィーヴァジュラー
第三輪	東	笑女《しょう》
	南	嬉《き》女
	西	歌《か》女
	北	舞《ぶ》女
	北東	ヴァンシャー
	南東	ヴィーナー
	南西	ムクンダー
	北西	ムラジャー
外帯	北東	塗香《ずこう》女
	南東	華《け》女
	南西	香《こう》女
	北西	燈《とう》女
	東	アーダルシー
	南	ラサー
	西	スパルシャー
	北	ダルマー
四門	東	金剛鉤《こんごうこう》女
	南	金剛索《こんごうさく》女

〈bSod nams, *The Ngor Mandalas of Tibet*, 1991では、第二輪と第三輪の間に、表Ｖの金剛界曼荼羅の第二重と同じ八大菩薩が配置される。〉

守護輪《しゅごりん》

西　金剛鏁女《こんごうさ》
北　金剛鈴女《こんごうれい》
東　大威徳《だいいとく》／ヴァジュラヴェーターリー
南　無能勝《むのうしょう》／アパラージター
西　馬頭《ばとう》／ブリクティー
北　ヴィグナーンタカ／一髻羅刹女《いっけいらせつにょ》
北東　不動《ふどう》／ヴィシュヴァヴァジュラー
南東　ダーカラージャ／ヴィシュヴァラトナー
南西　ニーラダンダ／ヴィシュヴァパドマー
北西　大力／ヴィシュヴァカルマニー
上　ウシュニーシャチャクラヴァルティン／アーカーシャヴァジュリニー
下　孫婆《そんば》／ヴァスダーラー

表V　金剛界三十七尊曼荼羅（第一一章所説、尊名は bSod nams, *The Ngor Mandalas of Tibet*, 1991 による）

初重	中央	阿閦《あしゅく》
	東	毘盧遮那
	南	宝生
	西	無量光
	北	不空成就
	北東	ブッダローチャナー
	南東	マーマキー
	南西	パーンダラヴァーシニー
	北西	ターラー
初重の四門と四隅	東	ラウドリー
	南	ヴァジュラビムバー
	西	ラーガヴァジュラー
	北	ヴァジュラサウミヤー
	北東	ヴァジュラヤクシー
	南東	ヴァジュラダーキニー
	南西	シャブダヴァジュラー
	北西	プリティヴィーヴァジュラー
第二重	東	弥勒《みろく》
		地蔵
	南	金剛手《こんごうしゅ》
		虚空蔵《こくうぞう》
	西	世自在《せじざい》
		文殊
	北	除蓋障《じょがいしょう》
		普賢
	北東	ヴァンシャー
	南東	ヴィーナー
	南西	ムクンダー
	北西	ムラジャー
四隅	北東	華女
	南東	香女
	南西	燈女
	北西	塗香女
四門	東	金剛鉤女
	南	金剛索女
	西	金剛鏁女
	北	金剛鈴女

参考文献

磯田熙文「死・中有・再生による成覚論――『Āmnāyamañjarī』における――」『論集』第九号、一九八二年

津田真一「サンヴァラ系密教における灌頂の一例」『奥田慈応先生喜寿記念・仏教思想論集』平楽寺書店、一九七六年、一〇三一―一〇四六頁

野口圭也「Saṃpuṭodbhavatantra の基本的性格」『印度学仏教学研究』三三巻二号、一九八四年、一六八―一六九頁

野口圭也「Saṃpuṭodbhavatantra 所説のヘールカマンダラ」『密教学研究』第一九号、一九八七年、六五―八六頁

野口圭也「"Saṃpuṭodbhavatantra"所説の金剛薩埵マンダラ」『密教図像』第五号、一九八七年、一―一四頁

bSod nams rgya mtsho, Revised by Tachikawa, M. et al., *The Ngor Mandalas of Tibet Listings of the Mandala Deities*, The Centre for East Asian Cultural Studies, Tokyo, 1991.

8 『カーラチャクラ・タントラ』

インド仏教の総決算

田中公明

一 『カーラチャクラ』とはなにか

このシリーズでは、八世紀にその原初形態が現れ、九世紀以後、爆発的に発展した後期密教の二つの潮流、父タントラと母タントラについて、主要な密教聖典ごとにその内容を概観してきた。そしてこの二つの潮流は、一〇世紀から一一世紀にかけて成立した『カーラチャクラ・タントラ』（時輪《じりん》タントラ）によって統合される。そこで『カーラチャクラ』は、母タントラの一種に分類されることもあるが、父母両タントラを統合した不二タントラとされることも多い。

『カーラチャクラ』は、インド仏教史上、最後に現れた聖典であるばかりでなく、いままでの密教のすべてを統合する画期的な体系をもっていた。したがって『カーラチャクラ』は、一五〇〇年にわたるインド仏教の総決算の位置にあるといっても過言ではない。

『カーラチャクラ』の存在は、インド密教を今日に伝えるチベットが西洋文明の前に姿を現した頃から、名のみは知られていたが、その内容は長らく秘密のヴェールに包まれていた。全体が極めて難解なうえ、その体系に熟達した学者の数は、チベットでもけっして多くなかったからである。

ところが、一九五九年のチベット動乱以後、状況は一変する。インドに亡命したダライ・ラマ一四世が、世界各地に分散したチベット難民のために親修した「カーラチャクラの大灌頂《だいかんじょう》」(トゥンコル・ワンチェン)は、この未知の密教体系に西洋人の注意を喚起するのに十分なパフォーマンスとなった。そして現在、「カーラチャクラの大灌頂」は、国外に亡命したチベット人のためというより、新たにチベット仏教に入信した欧米人や東洋人のために行われている。

このようなブームを承けて、欧米の学界では『カーラチャクラ』への関心が高まっている。

筆者が一九九四年に『超密教 時輪タントラ』(東方出版)を刊行した時点では、欧米でも「カーラチャクラの大灌頂」に際して刊行されたマニュアルを除いては、総合的な概説書は一冊も

1　「カーラチャクラの大灌頂」のために作られた
砂マンダラの前に立つダライ・ラマ 14 世

なかったが、インドのCIHTSが『ヴィマラプラバー』のサンスクリット校訂本を刊行（一九九四年完結）してからは、専門書や研究論文がつぎつぎと現れるようになった。

二　成立地と成立年代

伝説によると、ブッダは南インドのダーニヤカタカの仏塔、つまりアマラーヴァティー大塔で、『カーラチャクラ』の根本タントラ『吉祥最勝本初仏《きちじょうさいしょうほんじょぶつ》タントラ』を説いたとされる。そして金剛手の化身とされるシャンバラの王スチャンドラは、これを聴聞して本国に帰り、シャンバラの住民に講説したといわれる。

スチャンドラの子孫は七代にわたって、それぞれ一〇〇年ずつシャンバラを統治した。そしてスチャンドラ七世の孫にあたるヤシャス王は、イスラム教が興起し、仏教が危機に瀕することを予見して、末法の衆生のために根本タントラを要約した現行の「ラグタントラ」（軽タントラ）を編集し、シャンバラの人民に、四つのカーストを一つにする金剛灌頂を授けたとされる。そこでヤシャス以後のシャンバラ王は、一切のカーストを一つに「捏ね合わせた」（カルカ）者という意味で、カルキと呼ばれる。

そしてヤシャスの子プンダリーカ王は、この「ラグタントラ」を注解した大注釈『ヴィマラプラバー』（無垢光疏）を著したとされる。

なお、「ラグタントラ」のサンスクリットはかなり不規則で、標準的な仏教サンスクリットで綴られる『金剛頂経《こんごうちょうきょう》』や『秘密集会《ひみつしゅうえ》』に比しても異常である。『ヴィマラプラバー』は、このタントラがインドではなくシャンバラ国に伝えられたため、正則サンスクリットではなくなったと弁明しているが、「ラグタントラ」が、サンスクリットに熟達しない者の手になることを暗示している。

これに対して『ヴィマラプラバー』の本文は、通常の仏教サンスクリットの知識で読解でき、そこに引用される根本タントラ『吉祥最勝本初仏タントラ』にも、ラグタントラほどの変格は見られない。したがって「ラグタントラ」と『ヴィマラプラバー』が、同じ人々によって編集されたとは考えにくい。

いっぽうその成立地については、中央アジア説と東インド説がある。『カーラチャクラ』では、シャンバラはシーター河の北岸にあると説かれている。シーター河は、カイラス山麓のマナサロワール湖（無熱悩池）から流出する四大河の一つとされ、中央アジアを流れアラル海に注ぐアム河あるいはシル河がモデルだといわれる。

また『カーラチャクラ・タントラ』では、シーター河の南は「アーリア人の領域」であると説いている。実際『カーラチャクラ』が成立した時代には、シル河の北は、トルコ系の遊牧民の領域だったのに対し、南はアーリア系のイラン人が住んでいた。

さらに『カーラチャクラ』は暦や天文学に言及するため、シャンバラで測定されたとされる天文定数が説かれている。チョーマ・ド・ケレスは、これから逆算して、シャンバラの緯度を北緯四五度から五〇度の間と結論づけた。そこでアム河の北岸に位置し、上記の条件をほぼ満たす中央アジアの大都市ボハラこそ、シャンバラのモデルだとする説が行われたこともあった。

これに対して東インド説では、『カーラチャクラ』をシャンバラから請来《しょうらい》したといわれるチルーパが、イスラム教徒の侵入を避けて、一時、オリッサのラトナギリに滞在していたという記録から、オリッサ州のサンバルプルをシャンバラに比定する意見がある。中世の東インドではシャとサに音韻的差違がなかったので、サンバルはシャンバラに通じるからである。また根本タントラの説処とされるアマラーヴァティーとオリッサは地理的に近く、仏教徒の交流があったことも知られている。

また歴史的な成立年代については、九六七年に、この密教聖典がシャンバラからインドに請来されたとする説があり、インド密教の権威者アバヤーカラグプタ（一一世紀後半〜一二世紀前半）の『カーラチャクラ義入』に基づくといわれる。

しかし、これは『カーラチャクラ』のインド請来を、チベットに伝来した「火と虚空と大海の年」（一〇二七年）の（干支紀年）一運前に設定したものにすぎず、実際の成立は一一世紀に入ってからという見解もある(羽田野伯猷)。

いっぽう『カーラチャクラ』は、インドの伝統的宗教を糾合してイスラム教徒の侵略と対決することを主題の一つとしているが、インドでイスラムの脅威が深刻になるのは、ガズニ朝のスルタン・マフムード(九九八—一〇三一在位)が、一〇〇一年に北インド遠征を開始してからである。

したがってマフムード遠征前の九六七年に、東インドでイスラム教との対決を主題の一つとする『カーラチャクラ』が成立したとは考えにくい。これに対して中央アジアは、すでにイスラム政権の支配下に入っており、仏教は滅亡の危機に瀕していた。したがって『カーラチャクラ』の成立が、アバヤーカラグプタの言及どおり一〇世紀まで上げられるのなら中央アジア成立説、一一世紀まで下がるようなら、東インド説が有利ということになる。

いっぽう「ラグタントラ」のサンスクリットが、正則文法から逸脱しているという点に関して、筆者は最近、興味深い事例を知った。それは同じくイスラム教徒の圧迫によってペルシャからインドに逃れたゾロアスター教徒、いわゆるパールシー教徒である。彼らはインド文化に順応するため、インドに定住後、サンスクリット語の文献を編集したが、これらパールシーのサンスクリットにも、正則文法にはない特異な語法が見られるとのことである(岡田明憲)。

また「ラグタントラ」の「世間品」では、イスラム教の興起と天文暦法の消滅、「簡易計算法」（ラグカラナ）の必要性が説かれている。

古代インドではわが国の旧暦に似た太陰太陽暦が行われていたのに対し、イスラム暦は純粋太陰暦である。イスラム暦では、一年の長さは月の満ち欠けのみから決定されるので、一年は約三五四日となり、約三六五と四分の一日の太陽暦とは、一年当たり一〇日強の誤差を生じることになる。また太陰太陽暦では、閏月を適当に置くことで季節のズレを調整できるが、純粋太陰暦のイスラム暦では、三〇年足らずの間に年初が春から冬、秋、夏へと移動してしまう。そこで『カーラチャクラ』は、イスラム暦が行われている地方で、イスラム暦から太陰太陽暦の閏月を割り出す「簡易計算法」を説いたのである。

しかし東インドでは、仏教が滅亡する一三世紀初頭まで太陰太陽暦が行われており、「簡易計算法」を導入する必要はなかった。したがって、この事実も『カーラチャクラ』がイスラム支配下か、それに近接した地域で成立したことを示唆するとも考えられる。

『カーラチャクラ』の成立地と成立年代については、今後もさらなる検討が必要であるが、すでにイスラムの支配下にあった中央アジアか西北インドで、サンスクリットに不慣れな者が「ラグタントラ」を編集し、それが仏教の中心地であった東インドに持ち込まれた後、サンスクリットに熟達した学者が大注釈『ヴィマラプラバー』を編集したという可能性は考えられるであろう。

三　聖典の構成

現在、『カーラチャクラ・タントラ』として知られるテキストは、シャンバラ王ヤシャスが根本タントラを要約した「ラグタントラ」とされている。また関連タントラとして『カーラチャクラ続タントラ』『カーラチャクラ・タントラ心要』があり、『セーコーッデーシャ』（灌頂略集）は、根本タントラから、灌頂を説く一章を略出したものとされる。

しかし『カーラチャクラ・タントラ』といった場合、通常は「ラグタントラ」を指すことになる。現存するテキストは、「世間品」「内品」「灌頂品」「成就品」「智慧品」の五章からなり、偈頌はスラグダラー調で総計一〇四七とされるが、数え方については異説もある。

全体は極めて圧縮された内容を示し、さまざまの暗号、隠語的表現が散りばめられているので、タントラ本文のみから内容を把握することは難しい。そこで『カーラチャクラ』の理解には、前述の大注釈『ヴィマラプラバー』に依るのが、伝統的な方法とされている。

『ヴィマラプラバー』によれば、各章の配列は、衆生が居住する器世間（第一章）があるから衆生（第二章）があり、衆生があるから彼らに授ける世間と出世間の灌頂（第三章）があり、世間の灌頂によって世間の成就法（第四章）、出世間の灌頂によって大いなる智慧の成就（第五章）があるからとされている。

その教理については、五節で詳しく説明することになるが、その体系は「外《げ》・内《ない》・別《べつ》」の三つのカーラチャクラに要約されるといわれる。ここでいう「外」とは「世間品」に説かれる器世間つまり宇宙の構造を指し、これに対する「内」とは「内品」に説かれる衆生世間、生物とその身体構造、「別」とは、第三章以下に説かれる『カーラチャクラ』独特の世間・出世間の灌頂と生起・究竟の二次第を意味している。

このように『カーラチャクラ』は、宇宙をマクロコスモス、衆生とくに人間の身体をミクロコスモスと見なし、両者に完全な対応関係を設定する。そして「灌頂品」に説かれる身口意具足時輪マンダラは、マクロコスモスとミクロコスモスの完全なる対応を密教の教理に基づいて図示した、壮大なコスモグラムとなっている。このように『カーラチャクラ』の各章は、「外・内・別」の次第に従って配列されているのである。

四　先行する経典と『カーラチャクラ』に基づく密教の再編成

前述のように『カーラチャクラ・タントラ』は、先行する父母両タントラの教義を総合し、従来にない壮大な密教の体系を構築した。

しかし『カーラチャクラ』の内容を検討してみると、特定の密教聖典や解釈学派の強い影響が認められる一方で、ほとんど顧慮されていない密教体系もある。そこで本節では、『カーラチャクラ』の体系が、具体的にどの密教聖典、解釈学派の影響を受けて成立したのかを、検討してみよう。

1 『秘密集会タントラ』

『カーラチャクラ』の教理を示した身口意具足時輪《しんくいぐそくじりん》マンダラは、身・口・意の三重構造をもっているが、その中心となる意密マンダラは『秘密集会タントラ』の影響を強く受けている。『秘密集会』では、マンダラを構成する五仏・四明妃《しみょうひ》・菩薩・金剛女に、五蘊《ごうん》・四界・十二処という教理概念を当てはめる「蘊・界・処」の体系が成立したが、『カーラチャクラ』は、それを継承発展させ、身口意具足時輪マンダラの根幹をなす意密マンダラを作り上げた。

なお『秘密集会』には聖者流《しょうじゃりゅう》、ジュニャーナパーダ流という二大解釈学派があるが、『カーラチャクラ』は六大菩薩と六金剛女を立てる点で、聖者流よりジュニャーナパーダ流に近い。いっぽう究竟《くきょう》次第においても、ヨーガの深まりに応じて現れる「夜のヨーガ」の四種のヴィジョンは、『秘密集会』「第十八分」一五〇～一五一偈によっている。またヨーガの実修では、眉間・喉・心臓・臍のチャクラに四つの滴《てき》（ビンドゥ）を設定するが、これも「秘密集会」ジユニャーナパーダ流の究竟次第の根幹をなす四点と類似している。これに対して聖者流の究竟次第の根幹をなす四空《しくう》、三顕現《さんけんげん》についての言及はない。

このように『カーラチャクラ』は、生起《しょうき》・究竟《くきょう》の二次第に関して、もっぱらジュニャーナパーダ流の『秘密集会』を参照していることがわかる。

2 『幻化網タントラ』と『ナーマサンギーティ』

『ヴィマラプラバー』が「世間品《せけんぼん》」第二偈の注で、「『吉祥最勝本初仏』を知らざれば、『ナーマサンギーティ』を知らず。『ナーマサンギーティ』を知らざれば、持金剛《じこんごう》の智身《ちしん》を知らず。持金剛の智身を知らざれば、真言乗を知らず。真言乗を知らざる者は輪廻し、みな世尊持金剛の道を離る」と宣言していることからも明らかなように、『カーラチャクラ』は『ナーマサンギーティ』（『文殊師利真実名経《もんじゅしりしんじつみょうきょう》』）の強い影響を受けている。

一例を上げると、ヨーガの深まりに応じて現れる「昼のヨーガ」の六種のヴィジョンの典拠とされるのは、『ナーマサンギーティ』の六一～六三偈（第六章二〇～二二偈）である。さらに『ヴィマラプラバー』に見られる『ナーマサンギーティ』からの引用は、全部で六五偈に及ぶといわれている。

そして『ナーマサンギーティ』は自ら、それが『幻化網《げんけもう》タントラ』の「三摩地品《さんまじぼん》」から略出されたと認めている。この『幻化網』と『カーラチャクラ』が、どのような関係にあるのかは長らく不明だったが、最近になって興味深い事実が判明した。

それは『幻化網』（新訳）に説かれる五仏の身色が、『カーラチャクラ』に説かれる五仏の五色の配当に類似するということである。五節で詳説するように、『カーラチャクラ』は、その宇宙論に基づいて、マンダラの中央と四方に配される五仏の配置と身色を、従来の密教の定説から大きく変更している。

『カーラチャクラ』のマンダラ理論は、先行する『大日経』系の五大説と、『金剛頂経』『秘密集会』系の五仏説、そして須弥山《しゅみせん》世界説を融合したものであることが判明している。しかし『カーラチャクラ』の五仏と五色の配当に一致する先行聖典は、見いだすことができなかった。

ところが『幻化網タントラ』には、阿閦《あしゅく》（青）、宝生《ほうしょう》（赤）、阿弥陀《あみだ》（白）、不空成就《ふくうじょうじゅ》（緑）という四仏の身色が説かれている。これは不空成就が緑色になる（『カーラチャクラ』では黒色）ことを除いては、『カーラチャクラ』に一致している。（図2）

『カーラチャクラ』における五仏の五色への配当は、そのコスモロジーの根幹をなすものだけに、それが『幻化網』と類似することは、その成立問題にも一石を投じるものといえよう。

A 金剛界曼荼羅

B『秘密集会タントラ』

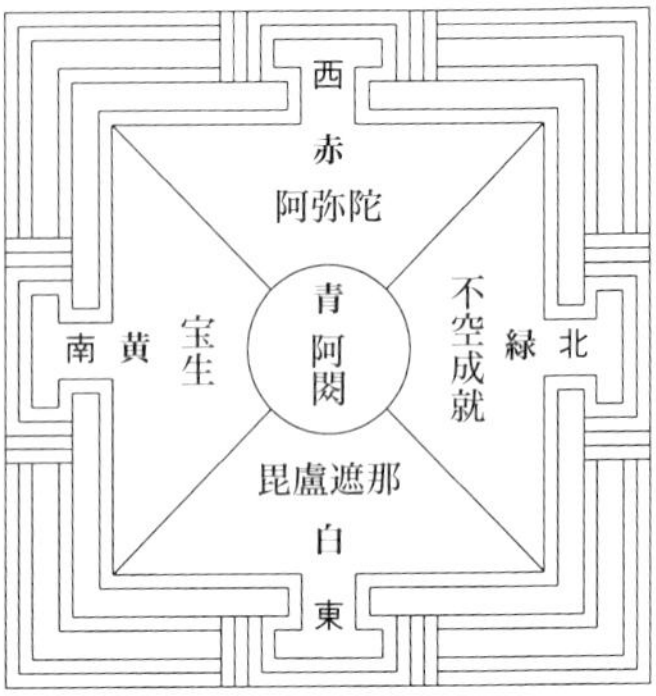

C『幻化網』

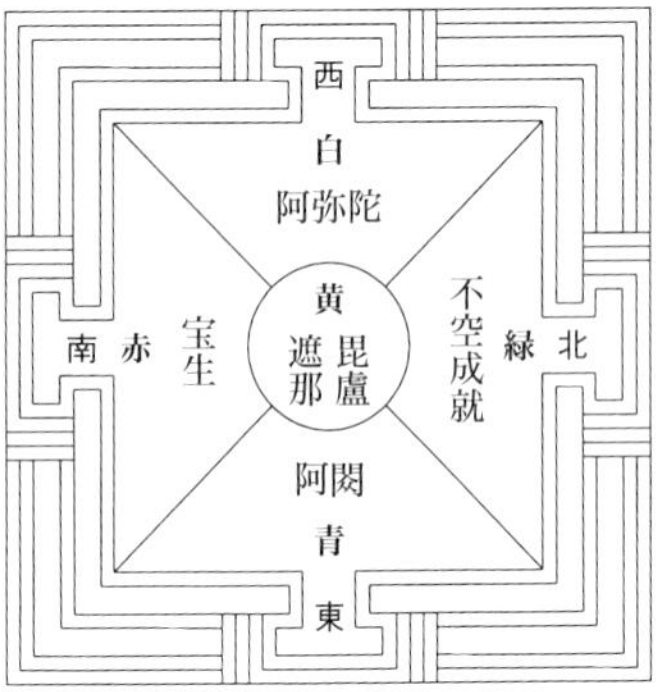

D『カーラチャクラ』

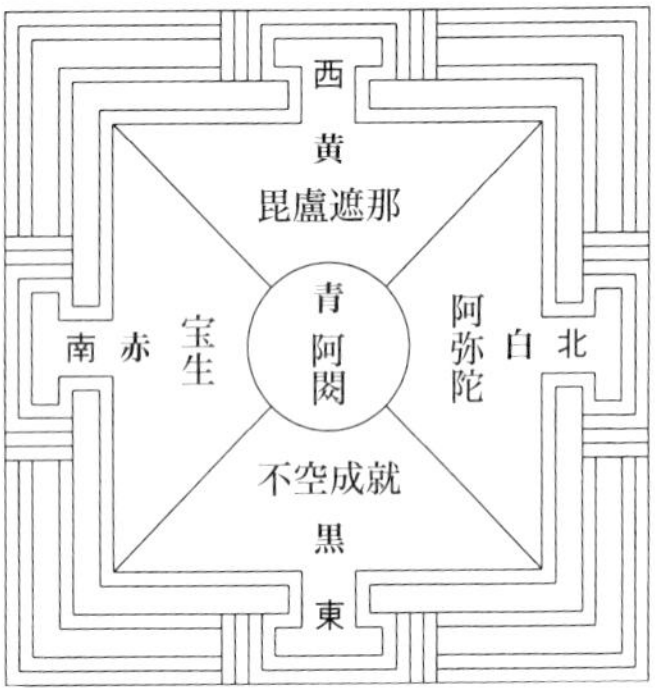

カーラチャクラ・マンダラの四方四仏の配置と身色は、『カーラチャクラ』のコスモロジーと一致させるため、従来の密教の通説から大きく変更されている。しかし最近になって、『幻化網』（新訳）の五仏とは身色の配当が酷似することがわかった。なお『ニシュパンナヨーガーヴァリー』の「毘盧遮那文殊金剛マンダラ」（『幻化網』所説）では、五仏の身色設定が変更されているので、図のCとは一致しない。

2　五仏の身色とマンダラの四方の塗り分け

3 『ヘーヴァジュラ』と『サンヴァラ』

『カーラチャクラ』は、先行する父母両タントラの教義を総合して、密教の新たな体系を樹立したが、その重点は明らかに母タントラにあった。

しかし、その内容を検討してみると、母タントラの中でも『ヘーヴァジュラ』と『サンヴァラ』の影響が顕著であることがわかる。まず『ヘーヴァジュラ』で確立した四つのチャクラ（輪）と三つのナーディー（脈管《みゃくかん》）に基づく生理学説（四輪三脈《しりんさんみゃく》）は、『カーラチャクラ』では六輪六脈《ろくりんろくみゃく》となり、そのコスモロジーの根幹をなす六部と結びつけて解釈されるようになった。また意密マンダラの中心に描かれる大楽輪《だいらくりん》は、主尊カーラチャクラ父母仏《ふもぶつ》と、四方四隅に配される八人の女神たちから構成され、ヘーヴァジュラマンダラの中心部によく似ている。

いっぽう「智慧品」第二五偈以下に説かれる大サンヴァラマンダラは、五層からなるチャクラサンヴァラ六二尊マンダラを、『カーラチャクラ』の六部と整合的になるよう、（身口意具足時輪マンダラと同じ）大楽輪と（六部に対応する）六輪からなる七層構造に拡張したものと考えられる。さらに「灌頂品」の後半部分では、チャクラサンヴァラ六二尊マンダラの形状に、インドの各カーストの女性を配置したガナチャクラが説かれている。またガナチャクラを構成する三七人のヨーギニーを三十七菩提分法《さんじゅうしちぼだいぶんほう》に配当するのも、『サンヴァラ』系に一致している。

さらに『カーラチャクラ』が成立すると、その体系によって先行する母タントラを解釈し直すという動きも現れた。チルーパによって、『ヴィマラプラバー』とともに請来されたといわれる『ヘーヴァジュラ』の『ヴァジュラガルバ注』、『サンヴァラ』の『ヴァジュラパーニ注』は、このような文献と見ることができる。このうち『ヴァジュラパーニ注』は『ヴィマラプラバー』にも言及されるので、『ヴィマラプラバー』より先に成立したと考えられる。この事実は、『ヘーヴァジュラ』系と『サンヴァラ』系を統合する動きの中から、『カーラチャクラ』が形成されたことを暗示するものといえよう。

五　主要な教理内容

つぎに『カーラチャクラ』の教理と実践体系について、主要なトピックごとに見てゆくことにしたい。

1　六部と六大説

『カーラチャクラ・タントラ』は、後期密教の中でも最も遅れて成立したばかりでなく、父母両タントラの内容を総合する、画期的な体系をもっていた。そしてその特徴を一言でいえば、

『金剛頂経』系の中期密教が五元論であるのに対し、『カーラチャクラ』は基本的に六元論であるということである。

『カーラチャクラ』は、『金剛頂経』で確立した如来・金剛・宝・法（蓮華）・羯磨《かつま》の五部に、金剛薩埵部を加えて六部とする。このように五部に金剛薩埵部を加える思想は、『秘密集会タントラ』など比較的初期に成立した後期密教聖典に、その萌芽が認められるが、『カーラチャクラ』では、六部を明確に説くだけでなく、すべての教理概念を六部に配当して解釈するようになった。

また『カーラチャクラ』では、従来の五部を地・水・火・風・空の五大に配当する。このように五仏を五大に配当するのは、『金剛頂経』系よりも、むしろ『大日経』系の特徴である。

いっぽう新たに加わった金剛薩埵部は、智を司るとされる。なお日本真言宗の祖、弘法大師空海は、『大日経』の五大説と『金剛頂経』の五智説を総合して、地・水・火・風・空・識の六大説を唱えた。空海の六大説は、奇しくも『カーラチャクラ』の六元論を二〇〇年ほど先取りしたものといえよう。

このような五元論を確立した『金剛頂経』の金剛界曼荼羅では、五仏を中央と東南西北に配して、画面の上下左右完全対称を実現した。ところが五部が六部に増広されると、上下左右完全対象を維持するのは困難になる。そこで母タントラのマンダラでは、大きな楼閣の中に六つの小さなマンダラを描くなど、六部に増広された体系を、四角いマンダラの画面に収めるのに苦心してきた。

ところが身口意具足時輪マンダラでは、四方に四仏を描くいっぽう、阿閦如来の化身カーラチャクラと金剛薩埵の化身ヴィシュヴァマーターを父母仏として中央に描くことで、この問題を見事に解決したのである。

そして『カーラチャクラ』では六部に、部主として六如来、部母として六仏母、男性の六大菩薩、女性の六金剛女、男性の六忿怒と女性の六忿怒妃を立てる。身口意具足時輪マンダラの尊数は、全体で七一四尊になるといわれるが、その構成要員は、六部に分類される三六尊にまとめられる。

『金剛頂経』系の密教では、五部が相互に包摂しあう「互相渉入《ごそうしょうにゅう》」により、五部は二五部、さらに無量部に展開する可能性を秘めていた。これに対して『カーラチャクラ』は、『秘密集会タントラ』で成立した「蘊・界・処」のシステムを発展させ、如来が五蘊、仏母が五大、六大菩薩が六根、六金剛女が六処、六忿怒が業根《ごうこん》（行為器官）、六忿怒妃が業根の働きを象徴する体系を作り上げた（図3）。

そして『カーラチャクラ』は、この三六尊の体系で、われわれが経験する世界のすべてを解釈する。この三六という数字には、『カーラチャクラ』の基本をなす六部の自乗という意味が

六大菩薩	六金剛女
地蔵(眼)	(色)
金剛手(耳)	(声)
虚空蔵(鼻)	(香)
観音(舌)	(味)
除蓋障(身)	(触)
普賢(意)	(法)

六仏	六仏母
金剛薩埵(智)	(虚空)金剛界自在
阿閦(識)	(智)般若波羅蜜
毘盧遮那(色)	(風)ターラー
宝生(受)	(水)マーマキー
阿弥陀(想)	(火)白衣
不空成就(行)	(地)仏眼

六忿怒	六忿怒妃
孫婆(生殖器)	
ジャンバカ(手)	
仏頂(尿管)	
スタンバカ(肛門)	
アティバラ(口)	
マーナカ(足)	

3　身口意具足時輪マンダラの三六尊

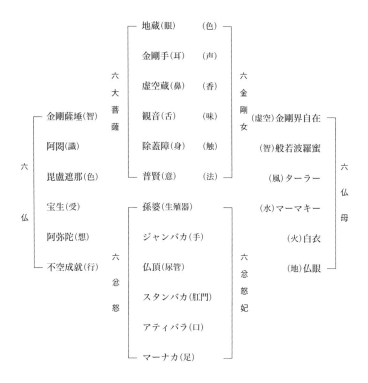

あると考えられる。

いっぽう『秘密集会』系では、金剛部主の阿閦如来は金剛部母のマーマキー、如来部主の毘《び》盧遮那《るしゃな》如来は如来部母の仏眼《ぶつげん》というように、同じ部族に属する男女尊がカップルを構成するようになっていた。ところが『カーラチャクラ』では、同じ部族の男女尊が配偶関係を結ぶことはない。これは対立する概念を象徴する二つの部族の男女尊が配偶関係を結ぶことにより、森羅万象が開展するという『カーラチャクラ』の思想を表現したものであり、その点でも『カーラチャクラ』は、『秘密集会』のマンダラ理論を、さらに発展させたものといえる。

2 身口意具足時輪マンダラ

『カーラチャクラ・タントラ』には、「灌頂品」に身口意具足時輪マンダラ、「智慧品」に大サンヴァラ・マンダラと、二種類のマンダラが説かれている。このうち身口意具足時輪マンダラは、仏の三密を象徴する三重の入れ子構造をもち、すべてのマンダラの中で最も規模が大きい。

『ヴィマラプラバー』によれば、身・口・意の三密マンダラはそれぞれ正方形で、外側から身密《しんみつ》、口密《くみつ》、意密《いみつ》の順に配置され、一辺の長さの比は四対二対一となっている。このようにマンダラが身・口・意の三重構造となるのは、チャクラサンヴァラ六二尊マンダラに例があるが、

4　明妃ヴィシュヴァマーターを抱くカーラチャクラ　ラダック／スピトク寺壁画

身口意具足時輪マンダラの三密マンダラは大幅に拡張され、それぞれが一つのマンダラの観を呈している。

その一番内側にあるのが意密マンダラで、その中心には円形の大楽輪がある。大楽輪の直径は意密マンダラの一辺の二分の一である。大楽輪には八葉蓮華《はちようれんげ》があり、その中心には主尊カーラチャクラと妃のヴィシュヴァマーターが男女合体尊、いわゆる父母仏（ヤブユム）の姿で描かれている。

また八葉の蓮弁上には、八人の女神たちが描かれる。これら八尊は人体を流れる生命気「風《ふう》」を仏格化した女神で、四隅の女尊には前述の「夜のヨーガ」で行者の意識に出現するヴィジョンに因んだ名前がつけられている。

その外側は方形となり、四方に四仏、四隅には四明妃が描かれる。四仏・四明妃は、『カーラチャクラ』が『秘密集会』から継承したものだが、四仏の方位と身色は、『カーラチャクラ』のコスモロジーと一致するよう大幅に変更されている。またマンダラの内庭も、四仏の身色に従って、西が黄、北が白、南が赤、東が黒と塗り分けられている。

さらに、その外側には六大菩薩と六金剛女が描かれている。これら男女の菩薩は、『秘密集会』では、感覚器官（六根）と感覚対象（六境）を象徴する尊格としてマンダラに導入された。この六大菩薩と六金剛女は、「秘密集会」ジュニャーナパーダ流の設定と一致している。いっぽう四門の門衛となる四忿怒は、『秘密集会』の四忿怒と尊名は異なるが、同躰とされている。

このように意密マンダラは、大楽輪では母タントラの影響が強く、その外側では逆に父タントラ、とりわけ「秘密集会」ジュニャーナパーダ流の影響を強く受けている。

意密マンダラの外側には、口密マンダラが描かれる。口密マンダラは、一辺が意密マンダラの二倍の正方形で、四門を有している。

口密マンダラには、四方四隅に八個の八葉蓮華がある。その中心に描かれるのは、マートリカー（母天）と呼ばれる女神たちで、それぞれ配偶神を伴っている。

本書第1章の『サマーヨーガ』で述べたように、マートリカーはヒンドゥー教の神々の妃である。中期密教の『大日経』では、胎蔵曼荼羅の外金剛部《げこんごうぶ》に七母天《しちもてん》が説かれ、『理趣経』では七母天が八母天に増広された。なお口密マンダラに描かれる八人のマートリカーは、『理趣経』系の八母天よりヒンドゥー教の伝承に近い。また口密マンダラでは、彼女たちは本来の配偶神とは別の男神とカップルを形成している。これも『カーラチャクラ』の大きな特徴である。

いっぽうマートリカーの眷属《けんぞく》として、八葉蓮華の各葉に配される女神たちは、六四ヨーギニー（瑜伽女《ゆがにょ》）と総称されている。六四ヨーギニーは、ヒンドゥー教にも見られるが、『カーラチャクラ』のそれとは尊名が相違している。

口密マンダラの外側には、身密マンダラが描かれる。身密マンダラは、一辺が口密マンダラのさらに二倍の正方形で、四門を有する。

身密マンダラには、初重が四葉、二重が八葉、三重が一六葉、合計二八葉の蓮弁を有する蓮華が一二個描かれ、一年の一二カ月を象徴している。この蓮華の花芯には、一二のヒンドゥー教の神々が、妃を伴って描かれている。

インドでは『ヴェーダ』以来、アーリヤ人によってもたらされた神々が崇拝されてきた。ところがシヴァやヴィシュヌを最高神とするヒンドゥー教が成立すると、他の神々は大神としての地位を失い、最高神のもとで方位を守護する護方神《ごほうしん》（ディクパーラ）となった。

このように身密マンダラでは、従来の護方神の体系を取り入れながら、これに一年の十二カ月という、新たな象徴性を与えたのである。

そして十二カ月のマンダラでは、男性神は対応する月の新月の日、妃は満月の日を象徴している。いっぽう周囲の二八弁の上には女神たちが描かれ、『カーラチャクラ』独自の種字《しゅじ》による命名方法で呼ばれている。時輪暦は太陰太陽暦なので一カ月は原則として三〇日となる。周囲の二八葉の女神たちは、一月の残りの二八日を象徴するものとされている。

また身密輪の四門と上下には、戦車に乗る六忿怒が配置され、龍王や供養天女も数えきれないほど描かれている。そこで身口意具足時輪マンダラの尊数は、六三四尊あるいは七一四尊、また七二二尊にも及ぶといわれている。

さらに三密マンダラの外側には、須弥山世界の基底を形成する地水火風の四大輪が描かれ、その上にはサンスクリットの字母や、太陽や月などの天体が描かれている。このようなプランは、『カーラチャクラ』が音韻論や宇宙論と密接にかかわっていることを示している。

3 マクロコスモスとミクロコスモスの完全なる対応

『ヴィマラプラバー』が引用する根本タントラの有名な言明、「外界の如きことが、身体にもあり、身体の如きことが、他のところにもある」からも明らかなように、『カーラチャクラ』の大きな特徴の一つに、宇宙をマクロコスモス、人体をミクロコスモスととらえ、両者のパラレルな関係を通して密教の体系を構築することが挙げられる。

そして、これに引き続く半偈「阿闍梨《あじゃり》は、［これら］三種（＝外と内と別）のマンダラを知った後に、マンダラを描くべきである」からも明らかなように、身口意具足時輪マンダラこそ、このようなマクロコスモスとミクロコスモスの対応を、端的に示したコスモグラムに他ならない。

そこで身口意具足時輪マンダラの各部分は、須弥山世界や人体の各部分に対応するとされている。

『カーラチャクラ・タントラ』の「世間品」によると、須弥山世界の基底部はは地水火風の四大輪によって構成され、その直径は、最大の風輪が四〇万由旬《ゆじゅん》、火輪、水輪、地輪は、それぞれ三〇万、二〇万、一〇万由旬とされている。

そしてわれわれの住む世界、大贍部州《だいせんぶしゅう》の外側にひろがる塩海は、まさに四大輪の水輪であるとされている。そして『カーチャクラ』の「成就品」によれば、身口意具足時輪マンダラの意密マンダラが、四大輪の地輪に相当し、口密マンダラは水輪、身密マンダラは一番外側の風輪に相当するとされている。

そして四大輪の直径は、それぞれ一〇万、二〇万、三〇万、四〇万由旬だから、地輪・水輪・風輪の直径の比は三密マンダラの一辺の比に一致する。これによって須弥山世界とマンダラは、度量法の上でも完全にパラレルとなるのである。

このように『ヴィマラプラバー』は、身口意具足時輪マンダラのどの部分が、須弥山世界のどこに相当するのかを、こと細かに規定している。

いっぽう人体の度量法に関しては、人間が両手を横に開いたとき、人体の須弥山に対応する脊髄から肩までは一二指量（一搩手）あり、これが須弥山世界の地輪、身口意具足時輪マンダラの意密マンダラに対応する。同様にして肩から腕の関節までも一二指量あり、これが水輪と口密マンダラに対応する。そして関節から手首までが火輪、手首から指の先端までが風輪と身密マンダラに対応する。

また『カーラチャクラ』は、先行する母タントラからチャクラ（輪）やナーディー（脈）に基づく生理学説を継承し、これらは身口意具足時輪マンダラとも関連づけられた。それによれば、地輪は臍のチャクラであり、水輪・火輪・風輪は、それぞれ心臓・喉・眉間のチャクラに相当するとされる。

このように『カーラチャクラ』は、身口意具足時輪マンダラを媒介として、外のマクロコスモス＝宇宙と内のミクロコスモス＝人体の完全なる対応を実現したのである。

4 シャンバラ伝説

『カーラチャクラ』の教説の一つとして有名なものに、シャンバラ伝説がある。シャンバラは、近代に入って西洋の神秘思想家から注目されたので、欧米でも広く知られるようになった。シャンバラは本来、ヒンドゥー教の『プラーナ』に説かれた一種の理想郷である。

ヒンドゥー教のヴィシュヌ派では、叙事詩『ラーマーヤナ』のラーマ王子、『マハーバーラタ』のクリシュナなどの英雄や、ブッダなどの偉人を、ヴィシュヌ神の権化《ごんげ》（アヴァターラ）と説くことで、大いに信徒を拡大した。

ヴィシュヌ派のアヴァターラの観念は、後に整理されて「十の権化」（ダシャアヴァターラ）の思想となった。そして十化身の九番目がブッダ、最後はカルキと呼ばれる英雄神とされている。カルキは通常、騎士の姿で表現され、彼の支配する国がシャンバラと呼ばれた。

ヴィシュヌ派では、「ブッダはヴィシュヌ神の権化として衆生を救済したが、四姓平等《ししょうびょうどう》を唱えてカースト制度を批判したので、社会の秩序が乱れた」といい、社会の秩序を回復し、カースト制度を再興する英雄神として、最後のアヴァターラ、カルキ出現の必要性を説いたのである。

ところが『カーラチャクラ』は、この教説を逆手にとって、「ブッダは四姓平等を説きカースト制度を批判したが、世間では未だカースト制度が行われていた。そこで実際に総ての民衆を仏教徒にしてカーストを廃止するのが、シャンバラの王カルキである」と説いた。

今まで『カーラチャクラ』は、イスラム教に対抗するため、ヒンドゥー教と妥協したといわれてきたが、ヒンドゥー教と『カーラチャクラ』では、同一の伝説を採用しても、結論は反対になることに注意しなければならない。

そしてシャンバラは雪山に囲まれ、八葉蓮華が開いたような地形であるとされる。そして八葉の蓮弁の姿をした盆地には、一千万の町を有する国が一二ずつある。これらの国にはそれぞれ小王がいるので、シャンバラには九六の小王国と九億六千万の町があることになる。

シャンバラは、イスラム教の勢力が盛んな間はその姿を隠しており、インドに初めて『カーラチャクラ』を伝えたチルーパなど、ごく少数の密教者だけが往来できたとされている。

5　シャンバラを描いたチベットのタンカ　大阪市／吉祥寺蔵

そして「ラグタントラ」を編集したヤシャス、『ヴィマラプラバー』を著したプンダリーカの後、シャンバラの王位はその子孫に伝えられる。さらに「世間品」の第一五一偈では、文殊の化身とされる二五代目のカルキ、ラウドラ・チャクリンが、イスラム教徒との最終戦争に勝利し、地上に仏教を復興させると予言されている。

そこで、その後のインド・チベットの仏教徒にとっては、シャンバラ王ラウドラ・チャクリンの出現と、仏教の復興というテーマが、重大な関心事になった。とくにイスラム教徒の侵入と、インド仏教の滅亡を目の当たりにしたチベットの仏教徒は、これを『カーラチャクラ』の予言が成就したものととらえ、仏教が復興するまでの期間シャンバラに往生して、イスラム教の迫害からのがれることが真剣に検討された。

そしてシャンバラ王ヤシャスが、その人民に授けた、四つのカーストを一つにする灌頂に範を取る「カーラチャクラの大灌頂」は、信徒に死後のシャンバラ往生を保証する儀礼と考えられるようになったのである。

5 世間の灌頂と出世間の灌頂

第1章の『サマーヨーガ・タントラ』で見たように、後期密教では、中期密教で成立した帝王の即位儀礼に範をとる厳粛な灌頂儀礼の後に、民間信仰から取り入れられたと思われる性的なイニシエーションを付加し、四種灌頂の体系が成立した。

これに対して『カーラチャクラ』の灌頂体系は、後期密教の通説とは大きく異なっている。それは世間灌頂と出世間灌頂の二種を立て、世間灌頂に七種、出世間灌頂に四種、合計一一種の次第を設定するものである。

このうち世間灌頂は、①水灌頂②宝冠灌頂③繒綵《そうさい》灌頂④金剛杵・金剛鈴灌頂⑤尊主灌頂⑥金剛名灌頂⑦許可の七種からなる。そしてこれらは、中期密教の灌頂を継承するものである。このような世間灌頂は、生起・究竟の二次第のうち生起次第実修の資格を付与するものといわれる。

チベットでは、歴代ダライ・ラマやパンチェン・ラマにより、「カーラチャクラの大灌頂」が一世一代の盛儀として行われてきた。しかしこの大灌頂は世間の七灌頂のみで、後期密教系の出世間灌頂を含んでいない。

チベットでは現在も、『秘密集会』や『ヴァジュラバイラヴァ』など、他の後期密教の灌頂も行われているが、「カーラチャクラの大灌頂」のように多くの信徒が参集することはない。

これに対し「カーラチャクラの大灌頂」は、広く大衆に開放された灌頂であり、わが国の術語でいえば、結縁灌頂に相当するといえる。しかし日本密教など、中期密教の結縁《けちえん》灌頂で一般信徒に許されたのは、投華得仏《とうけとくぶつ》やマンダラの拝見など、灌頂次第のごく一部にすぎなかった。

これに対して『カーラチャクラ』は、中期密教の灌頂全体を広く一般に開放したのである。

後期密教は秘教的な色彩が強く、社会的に閉ざされた組織をもっていたと考えられている。ところが『カーラチャクラ』は、インドの伝統宗教を糾合し、イスラム教の侵入と破壊から伝統文化を守るという、仏教としては珍しい政治的スローガンを掲げていたので、大衆に開かれたイニシエイションが必要になったのである。

そこで『カーラチャクラ』では、中期密教の灌頂次第を、性的な儀礼を含む後期密教系の灌頂から切り離し、「世間灌頂」として大衆に開放することで、信徒層の拡大を図ったと考えられるのである。

これに対して出世間灌頂は、①瓶灌頂②秘密灌頂③般若智灌頂④第四灌頂の四種からなり、先行する後期密教の灌頂を継承するものである。

そして『カーラチャクラ』では、出世間灌頂が、究竟次第実修の資格を付与するものと位置づけられている。

また世間灌頂を前灌頂（プールヴァ・アビシェーカ）と称するのに対し、出世間灌頂は後灌頂（ウッタラ・アビシェーカ）とも呼ばれる。出世間灌頂の受者は、必ず世間灌頂を受けていなければならないからである。世間灌頂を結縁灌頂とするなら、学法灌頂に相当するが、学習を修了して阿闍梨となるには、さらにもう一度出世間の灌頂を受ける。

これを、後後灌頂（ウッタローッタラ・アビシェーカ）といい、わが国の伝法灌頂《でんぽうかんじょう》に相当するが、基本的構造は後灌頂と大差がない。『カーラチャクラ』系の文献で、灌頂の数を一一種とするものと、一五種とするものがあるのは、後灌頂と後後灌頂を一つと見るか、別立するかの相違によるのである。

これらの出世間灌頂では、受者のパートナーとなる女性が用いられるが、この中で注目されるのは、比丘《びく》、沙弥《しゃみ》など独身の誓戒《せいかい》を守らねばならない人々は、チャンダーリーを用いると規定されることである。チャンダーリーとは、アンタッチャブル・カースト出身の女性を意味するが、この場合は、行者によって観想された理想的パートナー、つまり智印の意と考えられる。

これによって、出家者の保つべき戒律と、それに抵触する②秘密灌頂③般若智灌頂の問題は、一応解決されることになる。なお『カーラチャクラ』の成立年代に関して、一〇四二年にチベットに入ったアティーシャが、『菩提道灯論《ぼだいどうとうろん》』の中で、出家者が後期密教系の灌頂において実際の女性パートナーを用いることを、『吉祥最勝本初仏タントラ』が禁じていると説いたことが注目されてきた。もしこの言及が『カーラチャクラ』の根本タントラを指すなら、遅くとも一〇四二年までに『カーラチャクラ』が成立していたことになるからである。

そこで多くの研究者は、『カーラチャクラ』の中に、これに合致する規定を捜索してきたが、発見することができなかった。しかしアティーシャが意図していたのは、この規定ではなかったかと思われる。

このうち①瓶灌頂は、名称の上では『秘密集会』系の四灌頂の第一「瓶灌頂」に相当するが、内容は非常に異なっている。『秘密集会』系では、中期密教の灌頂全体を瓶《びょう》灌頂としたが、『カーラチャクラ』では、「世間灌頂」に対応する従来の瓶灌頂とは別に、新たな出世間の瓶灌頂を創案したのである。

これに対して、②秘密灌頂と③般若智灌頂は、後期密教一般の灌頂次第と大差がない。いっぽう従来から問題の多い④第四灌頂は、『カーラチャクラ』では、後灌頂と後後灌頂で大きく相違している。

まず後灌頂では、射精を抑制して印（女性パートナーのこと）との性行為で生じた楽を持続させる、いわゆる「逆流」（ウールドゥヴァ・レータス）の技法が伝授される。本書『サマーヨーガ』のところでも述べたように、後期密教では、精液が菩提心と呼ばれ、射精は菩提心を捨離することに等しいと考えられた。そこで射精を抑制することが、行者の最大の「禁戒」と考えられたのである。

これに対して後後灌頂では、羯磨印はもとより、智印によって生じた楽でさえ最高の境地ではなく、われわれは最勝本初仏の境地である「最高の不変大楽」（パラマークシャラ・スカ）を求めなければならないと教誡が与えられる。

これは「言葉のみによる」とされた第四灌頂が、『カーラチャクラ』では、阿闍梨の資格を付与する後後灌頂でのみ授けられるということを意味している。

6 最高の不変大楽と空色身

それでは最勝本初仏の境地とされる「最高の不変大楽」とは、いったい何を意味するものなのだろうか？ 大注釈『ヴィマラプラバー』の最後を飾る「智慧品」の注解は、全体で四つのトピックを扱っているが、第三の「最高の不変大楽を成就する大略集」は、「智慧品」第一二七偈のみを注釈するにすぎないのに、二六一偈からなる「智慧品」注の、ほぼ四分の一の紙数を占めている。

この事実は、シャンバラのプンダリーカ王を名乗る『ヴィマラプラバー』の編者が、いかにこの偈を重視していたかを物語るものといえる。そして、その主題である「最高の不変大楽」こそ、『カーラチャクラ』の究竟次第において成就すべき最高の境地に他ならない。

そこで、本項では『ヴィマラプラバー』「智慧品」注解によりながら、「最高の不変大楽」の内容を概観することにしたい。

この部分は問答形式で論述が展開されるが、チベットにおける『カーラチャクラ』の権威者プトゥンによると、全体は大きく三つのトピックに分けられる。

その第一は分別修習《ふんべつしゅじゅう》では、成仏できないというものである。なお分別修習というのは、マンダラの諸尊に「蘊・界・処」などの教理概念を配当する、段階的な生起次第の修習を意味している。

『ヴィマラプラバー』によれば、このような分別修習においては、マンダラの主尊を修習しているときには東方の眷属尊の修習はなく、東方の眷属尊を修習しているときには主尊の修習はない。このようなマンダラの段階的な観想は、つねに分別を伴う部分的なものとなり、概念的思考を超越した仏の身体は成就できないというのである。

これは、密教の長い歴史の中で発展してきたマンダラの観想が、成仏には結びつかないという、非常にラジカルな主張を含んでいる。それならば従来の密教で、マンダラの観想が成仏の因とされ、また『カーラチャクラ』でも、巨大な砂マンダラの製作をともなう「大灌頂」をなぜ行う必要があるのかという疑問が出てくる。

これに対して『ヴィマラプラバー』は、生起次第系のマンダラの段階的観想は、世間的な悉《しっ》地《じ》(宗教的成就)をもたらすが、それだけでは成仏できないと主張している。

第二のトピックは、分別がないといっても失神と同じような「断空《だんくう》」では、成仏できないというものである。衆生の輪廻転生の原因は、好ましいものに対する欲求と好ましからざるものからの逃避の二つであるが、仏の智慧は、好ましいものに欲を起こさず、好ましからざるものにも厭離を生じないから、輪廻を脱して成仏できるとの見解がある。

これに対して『ヴィマラプラバー』は、単なる無念無想で成仏できるのなら、衆生は熟睡時には意識がなくなるから、すべてが熟睡時に成仏することになってしまうと批判している。

つぎに如来の智慧は、感覚器官を超えた自覚智であることを論じる。もし如来の智慧が自覚智であるなら、どうして仏は「一切法は無自性《むじしょう》である」と説いたのかという問いに対しては、如来の智慧は一切の存在に固有の本性がないことを覚らせるものであり、熟睡時の意識のように一切を無化するものではないと答えている。またこれが感覚器官に依存する智であるなら、部分をもつものとなり、一切に行きわたることができない。したがって如来の智慧は、感覚器官を超えた自覚智であるとする。

いっぽう第三のトピックは、性快感は輪廻の因であるから、これを捨離して不変の大楽を修すべしというものである。

いままで本書で見てきたように、後期密教は、性エネルギーを修行に利用する「性瑜伽《せいゆが》」を導入した。後期密教系の灌頂では、性的な要素を含む第二、第三灌頂を授けるようになった。

そしてこのとき、実際に「性瑜伽」を体験させる第三灌頂と、最終的な真理の伝授とされる第四灌頂が、どのような関係にあるかは、従来のインド密教でも種々の議論をまきおこした問題であった。この点について『ヴィマラプラバー』は詳細な議論を展開している。本稿の限られた紙数で、そのすべてを紹介することはできないが、プトゥンのシノプシスによりながら、その要旨を見ることにしよう。

まず前節をうけて、如来の智慧が感覚器官を超えた自覚智であるなら、第三灌頂における大楽の説示は、どのような意味があるのかという問いを設ける。

これについて、『カーラチャクラ』に先行する『秘密集会タントラ』は、第四灌頂について「第四もまたかくの如し」と説いたため、第三の般若智灌頂と第四灌頂の内容は、同一であるという解釈が生じた。これに対して『ヴィマラプラバー』は、第三灌頂の性瑜伽で得られる楽は変移性の楽《らく》（クシャラスカ）であり、第四灌頂において説示される不変大楽《ふへんだいらく》（アクシャラスカ）とは別であると力説する。

それでは第三灌頂における、女性パートナーとともに行う性瑜伽は、どのような意味をもつかが問題となる。これについて『ヴィマラプラバー』は、実際の女性を用いる羯磨印や、観想によって理想的な女性を作り出す智印でさえも方便にすぎず、自らの心の投影に他ならない大印を修することが肝要であるという。

そして如来は二根交会《にこんこうえ》によって楽を修すると説いたが、それは菩提心の遷移《せんい》、つまり射精時の快感を指したものではない。そして射精こそ輪廻の因であり、三界の衆生は、欲界だけでなく色界、無色界を含め、すべてが心の薫習によって菩提心を遷移させ、輪廻するのであると説く。

つぎに如来は、衆生の心性によって法を説いたので、毘婆沙師《びばしゃし》（有部《うぶ》）、経量部《きょうりょうぶ》、瑜伽師《ゆがし》（唯識派《ゆいしきは》）、中観派《ちゅうがんは》の四つの教派が成立したという。このうち毘婆沙師の教説は、プドガラ（個我）が存在するという執着をもつ者のために説かれた。いっぽう経量部の教説は、原子が集積した外界の事物が存在するという執着をもつ者のために説かれた。唯識派の教説は、識が実在するという執着をもつ者のためのものである。これに対して中観派は、偏執なき者に対して説かれた教説である。前三者の教説が、不完全な涅槃しかもたらさないのに対し、中観派の説く涅槃は、偏執を離れた無住処涅槃《むじょうしょねはん》あるいは無余依涅槃《むよえねはん》であるという。

そしてグルの恩寵《おんちょう》や占星術、さらにヒンドゥー教の神々を成就しても解脱は得られず、解脱を求める者は、最高の不変大楽を修すべきであるという。そして梵行《ぼんぎょう》を修する菩薩には五《ご》神通《じんずう》があるが、仙人には神通はない。したがってヒンドゥー教の聖仙が感得した『ヴェーダ』や『ラーマーヤナ』『マハーバーラタ』、さらにヴィシュヌ神の乳海攪拌《にゅうかいかくはん》や十変化（ダシャーヴアターラ）などの伝説も、根拠のない捏造であると断じている。

また射精が輪廻の因であるなら、ブッダはどうして「輪廻を断ずる」十二因縁を説いたのかと問い、変移性の楽こそ輪廻の原因であり、それが「十二因縁の第一支である」無明に他ならない。そして最高の不変大楽によって変移性の楽を断じることにより、輪廻を断じると述べている。

またブッダが魔王を退散させて成仏したというのは方便説で、天魔の正体は、因果の法に関する、ヒンドゥー教や占星術の誤った思想であるとする。

そして根本タントラとラグタントラによって、五種と六種の不変を説く。これらは『カーラチャクラ』の基本をなす、地・水・火・風・空の五部と、これに智を加えた六部に対応している。そして、このような「不変大楽」を成就する方法は、前述の「夜のヨーガ」と「昼のヨーガ」によって脈管を浄化した後、中央脈管にビンドゥを二万一六〇〇滴充満させる「菩提心の積聚」であるという。

そして最後には、『カーラチャクラ』「智慧品」第二四四偈によって無相の涅槃、同二四八偈によって無相の般若を説き、両者の双運が金剛薩埵の位であると結んでいる。

なおチベット仏教、とくにゲルク派の解釈では、「菩提心の積聚」によって仏に変容した行者の身体を「空色身《くうしきしん》」（トンスク）と呼び、これと「最高の不変大楽」との双運を、『カーラチャクラ』の実践階梯における究極の位としている。そしてその境地を象徴するものこそ、「空」を体現した主尊カーラチャクラと「楽」そのものである妃ヴィシュヴァマーターの父母仏に他ならないといわれる。

そして「空色身」と「最高の不変大楽」は、しばしば「秘密集会」聖者流における幻身《げんしん》と光《こう》明《みょう》の双運にも比せられる。

ところが『ヴィマラプラバー』は、この「空色身」について、あまり多くを語っていない。最近になって、その原語が「シューニヤター・ビンバ」（空性《くうしょう》の影像）であることがわかったが、「智慧品」の四分の一を費やす「最高の不変大楽」の解説に比して、その扱いは、はるかに小さいといわざるを得ない。

これに対して『カーラチャクラ』の仏身論の大きな特徴は、従来の法身《ほっしん》・報身《ほうじん》・応身《おうじん》の三身《さんじん》説《せつ》に対して、清浄身《しょうじょうしん》あるいは倶生身《くしょうしん》という観念を導入し、四身説を立てることにあると思われる。

そして『秘密集会』の究竟次第では、行者が成仏すると、その死と中有と生が法身・報身・応身の三身に転化すると説くの対し、『カーラチャクラ』では第四の仏身として清浄身を立て、これを受胎の瞬間に配当する。そして主尊カーラチャクラと妃のヴィシュヴァマーターの父母仏は、この清浄身であるといわれる。

したがって『カーラチャクラ』において「最高の不変大楽」と対をなす観念は、「空色身」というより清浄身であり、それはまた生成と消滅を繰り返す器世間、輪廻転生する衆生世間を、開展させる最高原理であると考えられる。

六　カーラチャクラの意味

それでは、これまでの考察から『カーラチャクラ・タントラ』の教理と、その歴史的意義をまとめてみよう。

一般に後期密教聖典では、題名が重要な意味をもっている。それぞれのタントラの教理と実践の体系は、そのタイトルによって集約され、タントラの本尊は、題名と同じ名前で呼ばれるようになった。

したがって『カーラチャクラ・タントラ』でも、「カーラチャクラ」が何を意味するかが重要になってくる。そして従来の概説書では、『ヴィマラプラバー』の「タントラ説示の略説」によって、「カーラチャクラ」をカー・ラ・チャ・クラの四字に分解する「秘密釈」を紹介するものが多かった。

しかし宇宙の統一原理としての「時間のサイクル」こそ、「カーラチャクラ」（時輪）の本来の語義であり、それに基づいて密教の全体系の統合を試みたものこそ、『カーラチャクラ・タントラ』に他ならないのである。

前述のように『カーラチャクラ』では、マクロコスモスとミクロコスモスの完全なる対応が、繰り返し強調されている。そしてこの対応関係は、『カーラチャクラ』の教義を示した身口意具足時輪マンダラによって示される。

マンダラは一般に静止画と考えられているが、マンダラを観想する実践においては、時間が重要な役割を果たしている。

たとえばマンダラを観想するときは、まず諸仏が集会するマンダラの楼閣を生成させる。ところがこれは成劫《じょうごう》において四大が融合し須弥山世界が生成するプロセス、受胎から胎児の生成までのプロセスとパラレルになっている。

いっぽうマンダラの諸尊を撥遣《はっけん》するときは、まず眷属尊がいなくなり、最後に主尊が撥遣される。これは壊劫《えごう》において四大が解体し世界が消滅するプロセス、そして衆生の身体を構成する四大が解体し、死にいたるプロセスとパラレルになっている。(図6)

さらに身口意具足時輪マンダラには、一年の三六〇日を象徴する神々や、天体の軌道などが描かれている。このように『カーラチャクラ』では、マンダラにも時間的要素が持ち込まれている。

そして『カーラチャクラ』は、このようなマクロコスモスとミクロコスモスの対応を媒介する「時間のサイクル」に注目したように思われる。

それならば『カーラチャクラ』を編集した仏教徒は、なぜそこまで時間的周期にこだわった

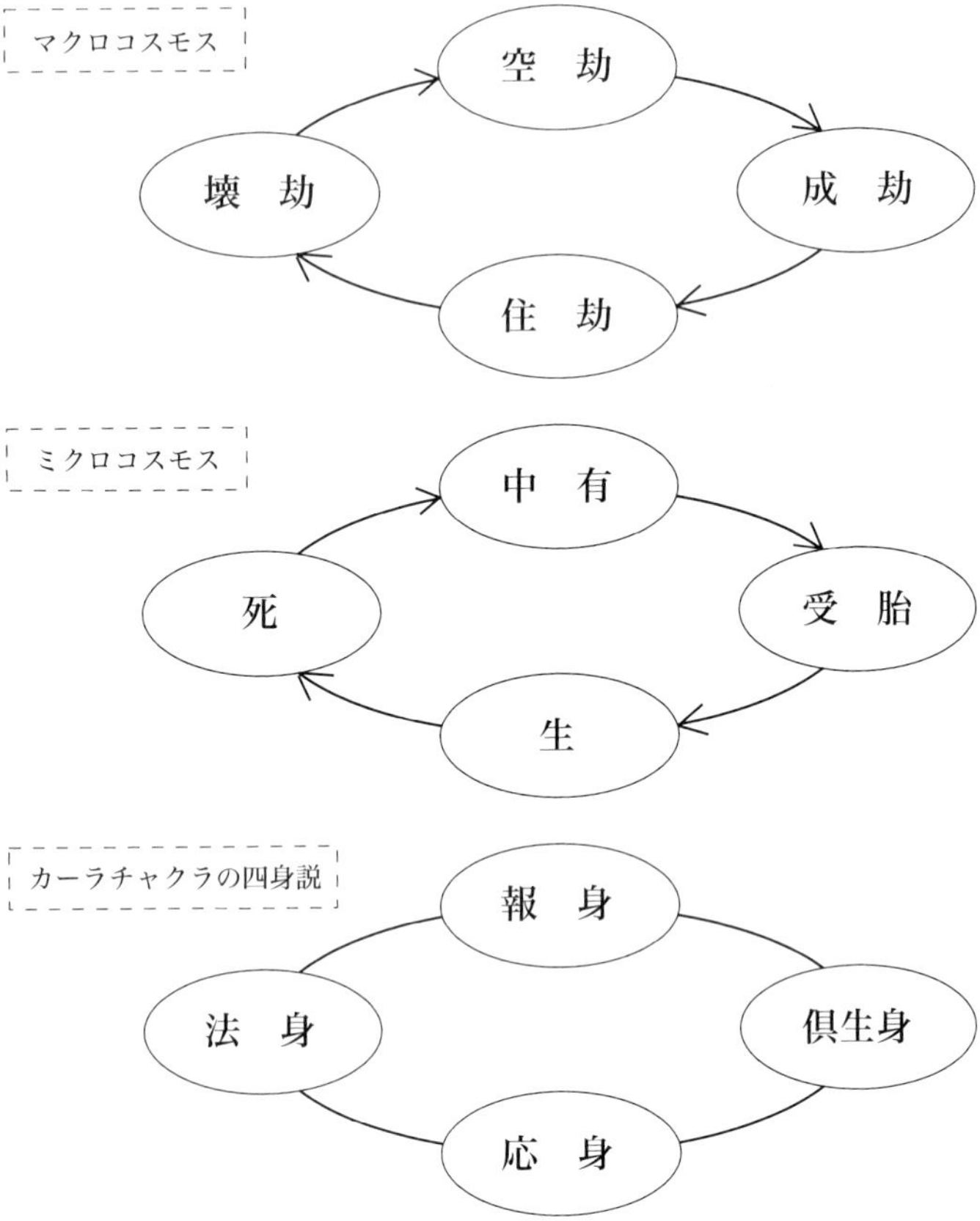

6 『カーラチャクラ』における外と内の対応と四身説

のだろうか？　それは『カーラチャクラ』のもう一つの特徴である、天文暦学と関係があるように思われる。

仏教は、唯一絶対の最高神を認めず、万物に普遍的に適用される理法＝ダルマを中心とする信仰である。そしてこのダルマには、善因楽果、悪因苦果の道徳律の側面と、十二因縁に見られる救済論的な因果の理、そして物理的な因果律の三つの側面があった。このうち従来の仏教では、因果応報説に見られるような道徳律と、解脱に直結する救済論的な因果を強調することが多かった。これに対して『カーラチャクラ』は、物理的因果律の側面を強調した。

科学が未発展だった古代においては、物理的因果律の存在は、今日ほど自明なことではなかった。ところが『カーラチャクラ』の編集者は、天文暦学の高度な知識を有していた。彼らの天文暦学は、近代天文学とは似ても似つかない須弥山世界説に基づく天動説であった。しかし須弥山の周囲にプトレマイオス的な惑星の周転円軌道を設定し、惑星の軌道が楕円であることから生じる中心差を補正する方法を知っていたので、天体の運行を正確に分析するだけでなく、かなりの確度で予測することもできた。

『ヴィマラプラバー』によれば、このような科学的認識は、主観と客観（能取所取《のうしゅしょしゅ》）の二分を前提としたもので、世俗的な真理（世俗諦《せぞくたい》）にすぎないとされるが、それは究極的真理（勝義諦《しょうぎたい》）を悟るために必要な知識であるとも考えられた。

このような知識が、彼らに「万物は時間的周期にしたがって運動する」との確信を懐かさせ、最高原理「カーラチャクラ」を構想させる一因となったのではないだろうか？　それはちょうどニュートンによる「万有引力の法則」の発見が、ヨーロッパにおける自然観を一変させ、カントにはじまる近代哲学の発展を促したという歴史的事実に比せられる。

本書『サマーヨーガ・タントラ』のところで見たように、ヒンドゥー教では、世界の生成と消滅は最高神の遊戯にすぎず、それはまたシヴァ神の舞踏にも喩えられた。そして母タントラ系の主尊ヘールカが舞踏のポーズをとるのも、このようなヒンドゥー教の踊る最高神の影響と考えられる。しかし仏教の正統的立場からは、世界の生成と消滅は最高神の遊戯ではなく、自然の摂理である。

インドで最後の密教体系が、その主尊に「時間の周期」を意味する「カーラチャクラ」の名を与えたのは、このような意味でも示唆的であるといえよう。

残念ながら『カーラチャクラ』は、イスラムの侵入という外的原因によってインドの思想界に後継者を得ることができなかった。したがって仏教と物理的因果律の最初で最後のスリリングな出会いは、後世に実りある成果を遺すことができなかった。しかし『カーラチャクラ』の研究は、現代人が宗教と科学の共存を考えるとき、貴重な示唆を与えるのではないかと思われる。

七　まとめ

これまで見てきたように、『カーラチャクラ・タントラ』は、初期の論典から次第に発展してきた仏教の宇宙論、『秘密集会』で完成の域に達した後期密教のマンダラ理論、母タントラ類で急速に発達した密教の生理学説を総合し、空前絶後の壮大な密教の体系をうち立てた。

前述のように、このようなマクロコスモスとミクロコスモスの対応は、主観客観（所取能取）の二分を前提とした世俗的な真理（世俗諦）にすぎず、究極的な真理（勝義諦）である「最高の不変大楽」は、感覚器官を介さない自覚智であるとされている。しかし現実世界の物理的因果律と科学的知見を重視し、それを仏教の体系に組み込もうとした努力は、現在もなお高く評価されるであろう。

チベットに伝播した『カーラチャクラ』は、チョナン派やプトゥン教学の形成に大きく寄与する一方、チベットの天文暦学の発展にも貢献した。また「世間品」に説かれるシャンバラ国と、イスラム教徒に対する最終戦争の予言は、チベットのみならずモンゴル、満州族の清帝国など、チベット仏教を受容したアジア諸民族にも、大きな影響を与えることになった。そして現在、このインド密教最後の体系は、ダライ・ラマ一四世が親修する「カーラチャクラの大灌頂」によって、チベット仏教の欧米伝播にも大きな役割を果たしている。

北宋時代に漢訳された『秘密集会』や『ヘーヴァジュラ』とは異なり、『カーラチャクラ』は、明治以前の日本にはまったく知られることがなかった。そのため多くの研究者が『カーラチャクラ』に取り組みはじめた欧米とは異なり、わが国では、その重要性が十分に認識されているとはいいがたい。

しかし今まで見てきたように、この密教体系は、六世紀頃から発展してきたインド密教の総決算の地位にある。それだけに初期・中期密教に関して最大の研究成果が蓄積されている日本にとって、決して不得意な分野ではない。

むしろこのインド密教最後の体系が、どのような先行聖典から、どのように成立していったのか、その謎を解明することは、日本の研究者に課せられた大きな課題といえるのではないだろうか。

付録　マンダラの見取り図と尊格名

森　雅秀

ここに示したマンダラの配置図と諸尊名は、後期密教を代表する学僧アバヤーカラグプタ（一一～一二世紀）が著したマンダラ儀軌書『ヴァジュラーヴァリー』にもとづくものである（上巻、第8章参照）。マンダラの輪郭線は同書に含まれる「墨打ちの儀軌」を、諸尊の位置と名称は「彩色の儀軌」をそれぞれ参照した。マンダラの配置図の外側の線は、マンダラの楼閣内部（内陣）の輪郭線に対応する。楼閣より外の部分は省略してある。マンダラの諸尊の名称は、アバヤーカラグプタがマンダラの観想法を説いた別の著作『ニシュパンナヨーガーヴァリー』も参照した。なお、マンダラの形態やそこに含まれる尊格、各尊の名称などは、同じマンダラであっても経典や儀軌でしばしば異同がある。そのため、本書の各章に含まれるマンダラに関する記述と『ヴァジュラーヴァリー』のものとは一部一致しない。

1 ヘーヴァジュラ九尊マンダラ

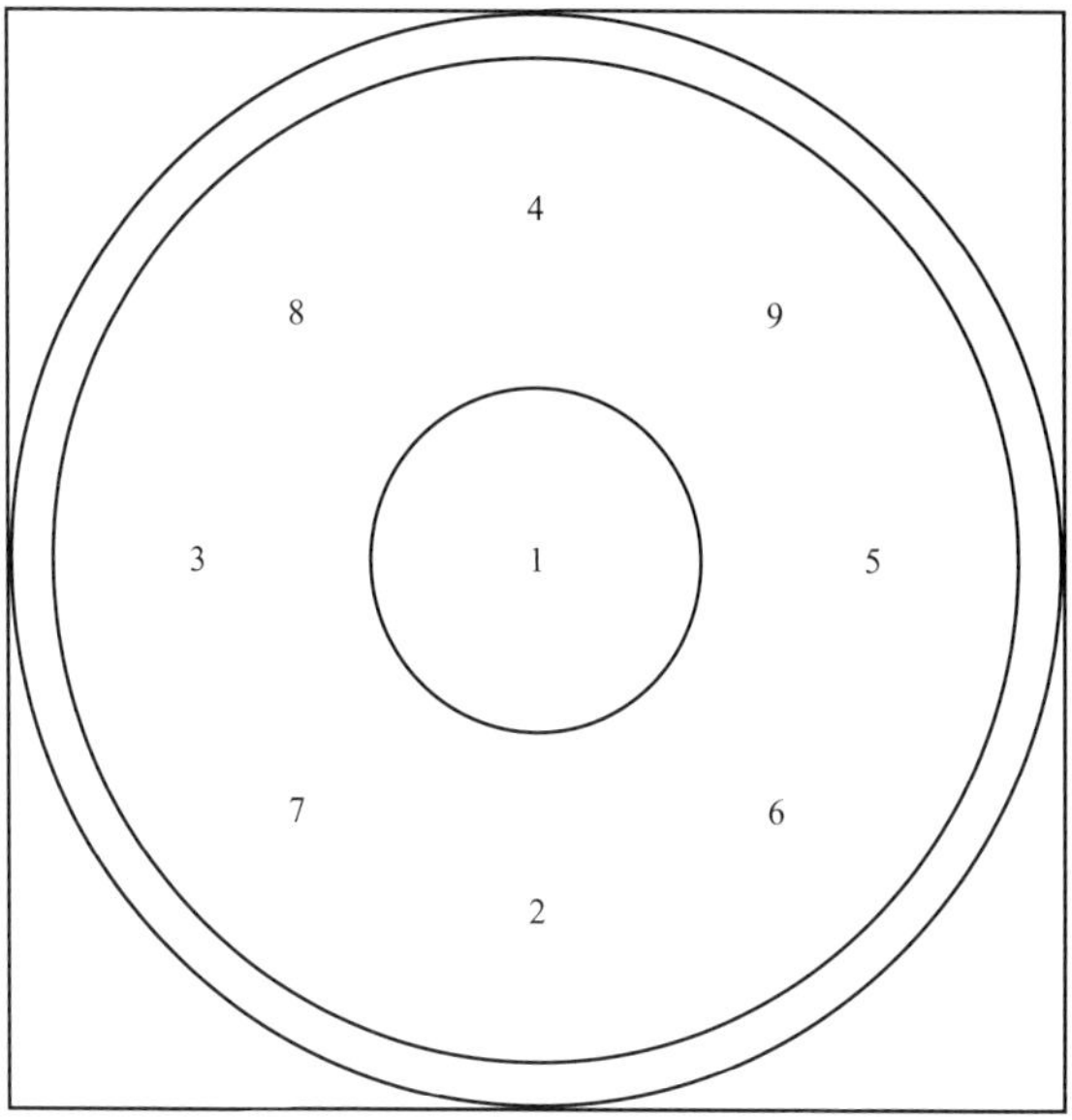

1 ヘーヴァジュラ
2 ガウリー
3 チャウリー
4 ヴェーターリー
5 ガスマリー
6 プッカシー
7 シャバリー
8 チャンダーリー
9 ドーンビー

2 ヘーヴァジュラ十七尊マンダラ

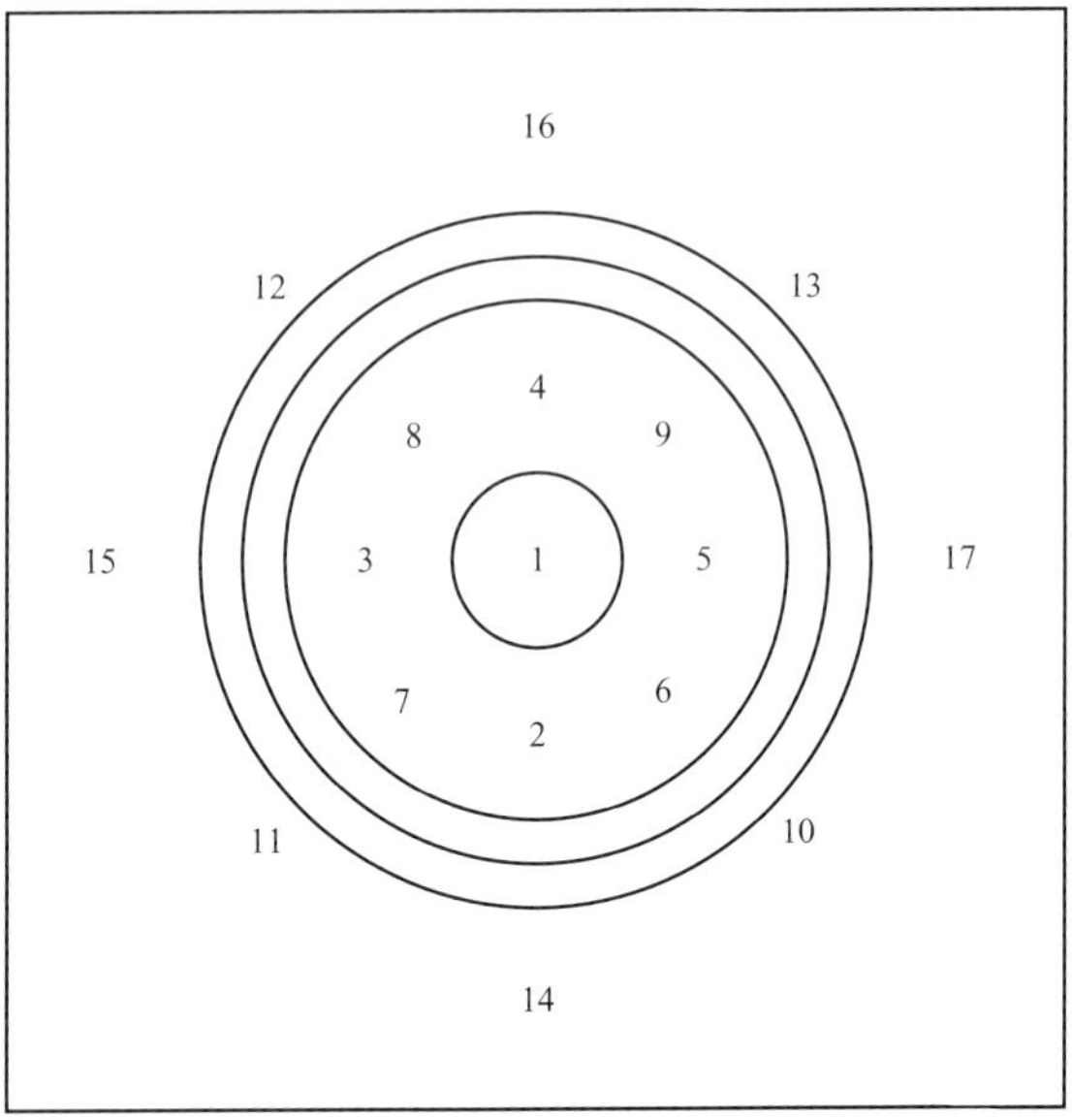

1 ヘーヴァジュラ
2 ヴァジュララウドリー
3 ヴァジュラビンバー
4 ヴァジュララーガー
5 ヴァジュラサウミヤー
6 ヴァジュラヤクシー
7 ヴァジュラダーキニー
8 声金剛女
9 地金剛女
10 ヴァンシャー
11 ヴィーナー
12 ムクンダー
13 ムラジャー
14 金剛鉤女
15 金剛索女
16 金剛鎖女
17 金剛鈴女

3 サンヴァラ・マンダラ

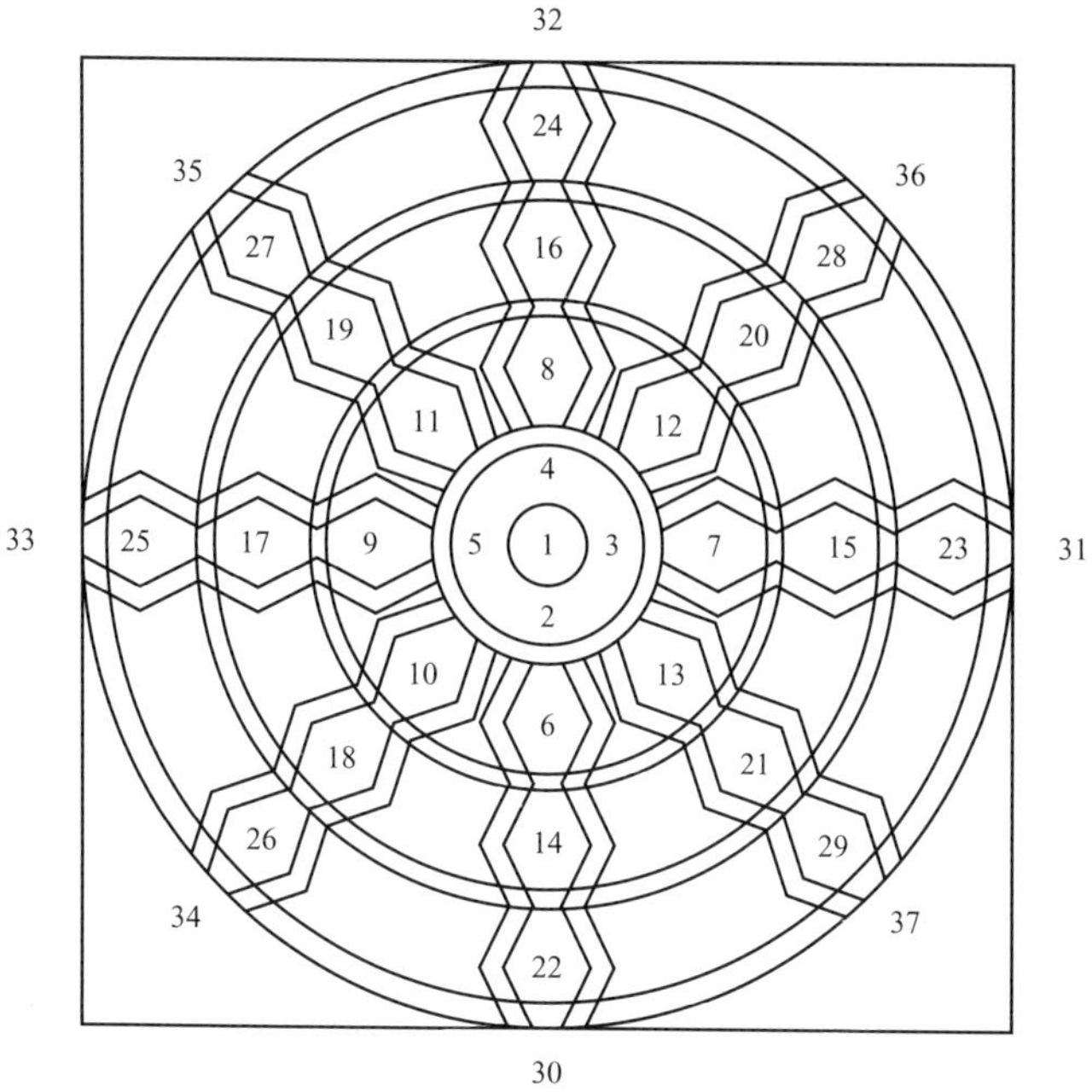

1 サンヴァラ
2 ダーキニー
3 ラーマー
4 カンダローハー
5 ルーピニー
6 プラチャンダー
7 チャンダークシー
8 プラバーヴァティー
9 マハーナーサー
10 ヴィーラマティー
11 カルヴァリー
12 ランケーシュヴァリー
13 ドゥルマチャーヤー
14 アイラーヴァティー
15 マハーバイラヴァー
16 ヴァーユヴェーガー
17 スラーバクシー
18 シュヤーマーデーヴィー
19 スバドラー
20 ハヤカルナー
21 カガーナナー
22 チャクラヴェーガー
23 カンダローハー
24 シャウンディニー
25 チャクラヴァルミニー
26 スヴィーラー
27 マハーバラー
28 チャクラヴァルティイニー
29 マハーヴィールヤー
30 カーカースヤー
31 ウルーカースヤー
32 シュヴァーナースヤー
33 スーカラースヤー
34 ヤマダーディー
35 ヤマドゥーティー
36 ヤマダムシュトリー
37 ヤママタニー

4 ブッダカパーラ九尊マンダラ

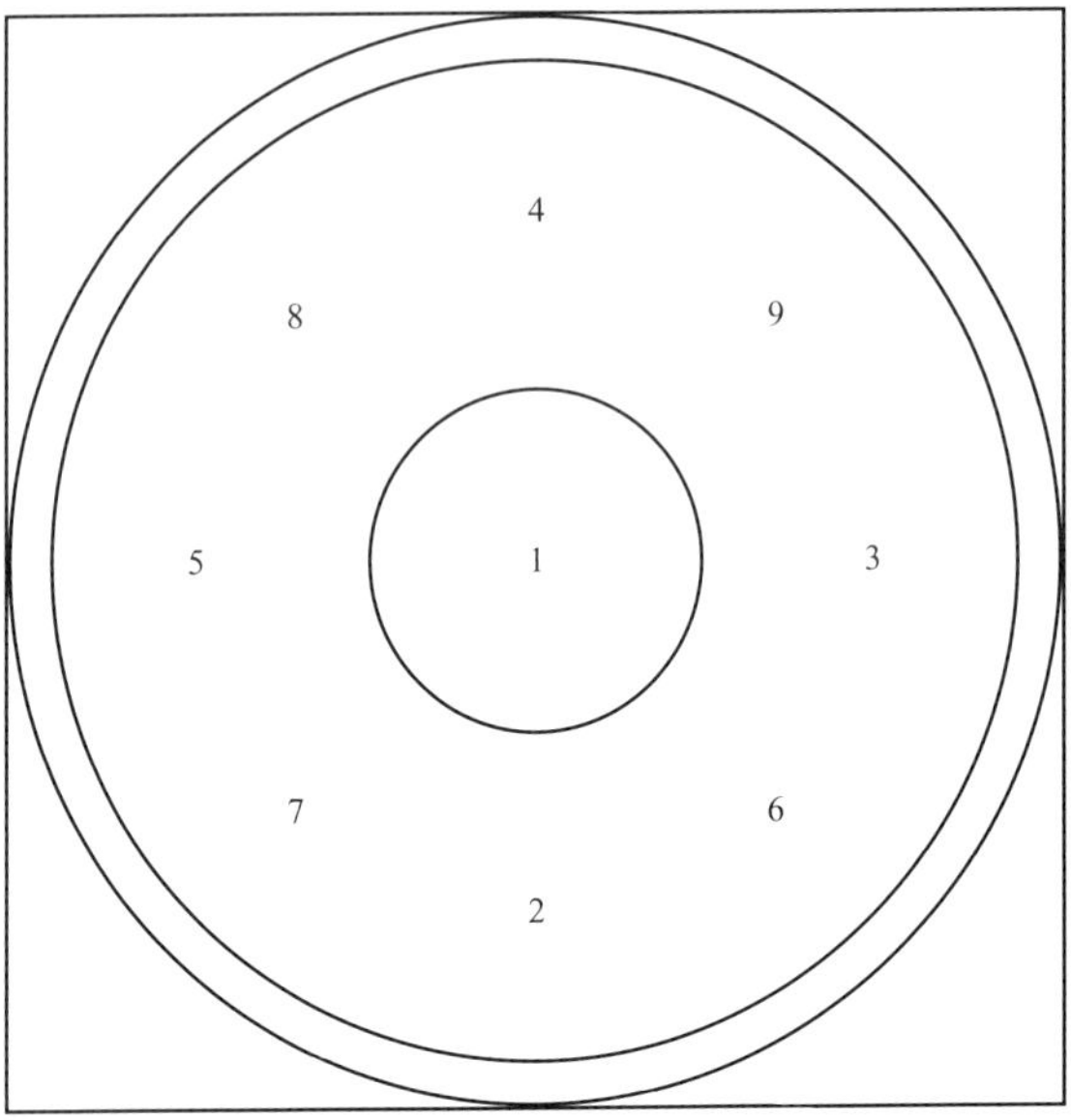

1 ブッダカパーラ
2 チトラセーナー
3 カーミニー
4 パーターラヴァーシニー
5 サウバドラー
6 サウンディニー
7 ブーティニー
8 チャトルブジャー
9 アーカーシャヴァーシニー

5　ブッダカパーラ二十五尊マンダラ

1 ブッダカパーラ
2 スマーリニー
3 カパーリニー
4 ビーマー
5 スドゥルジャヤー
6 シュバメーカラー
7 ルーピニー
8 ヴィジャヤー
9 カーリニー
10 カーリニー
11 マホーダディ
12 カーリニー
13 マーラニー
14 ターリニー
15 ビーマダルシャナー
16 スダルシャナー
17 アジャヤー
18 シュバー
19 オースターラキー
20 カーララートリー
21 マハーヤシャス
22 スンダリー
23 ヴァスンダラー
24 スバガー
25 プリヤダルシャナー

6 マハーマーヤー・マンダラ

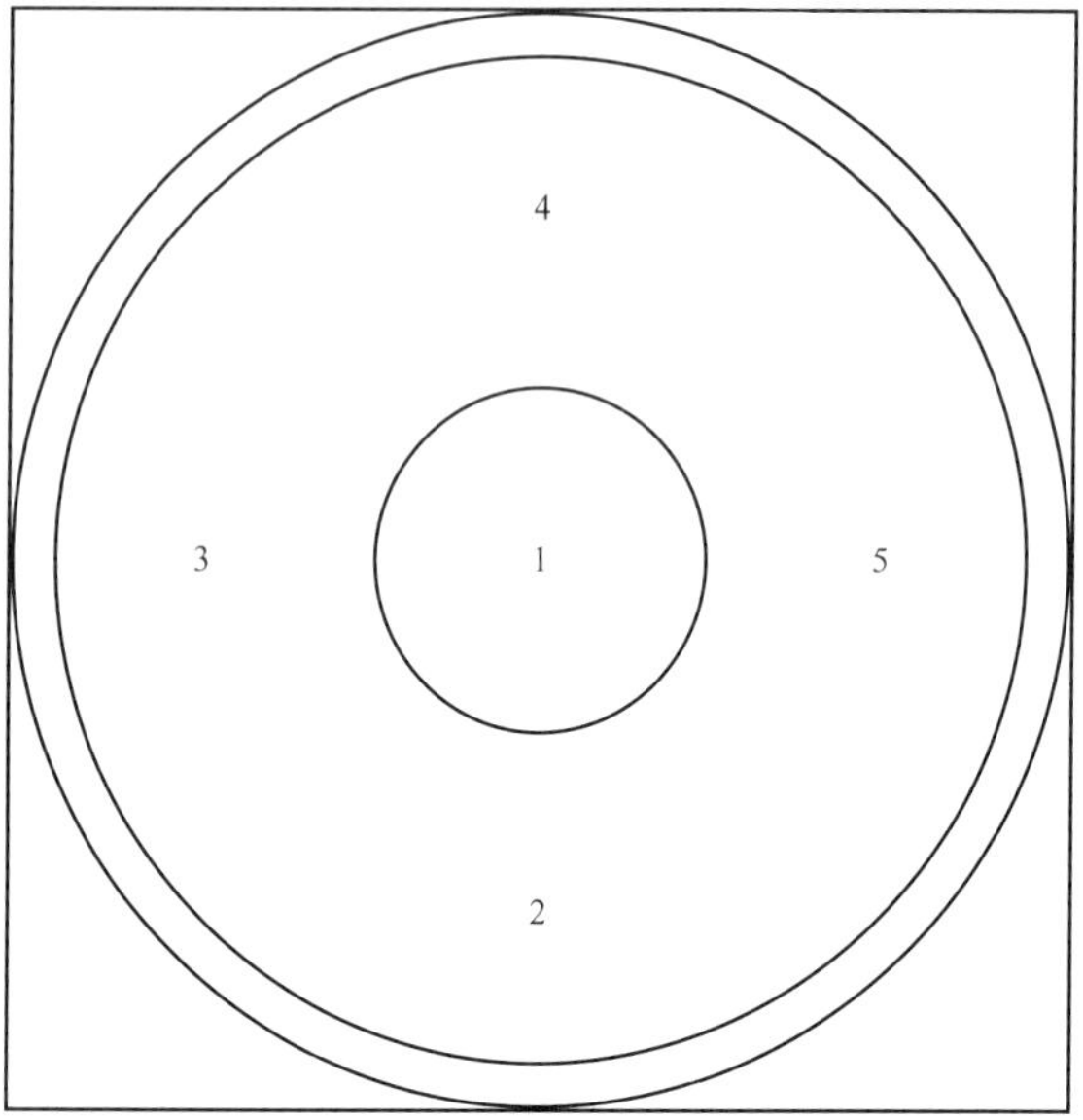

1 マハーマーヤー
2 ヴァジュラダーキニー
3 ラトナダーキニー
4 パドマダーキニー
5 ヴィシュヴァダーキニー

7 ジュニャーナダーキニー・マンダラ

（『チャトゥシュピータ・タントラ』所説）

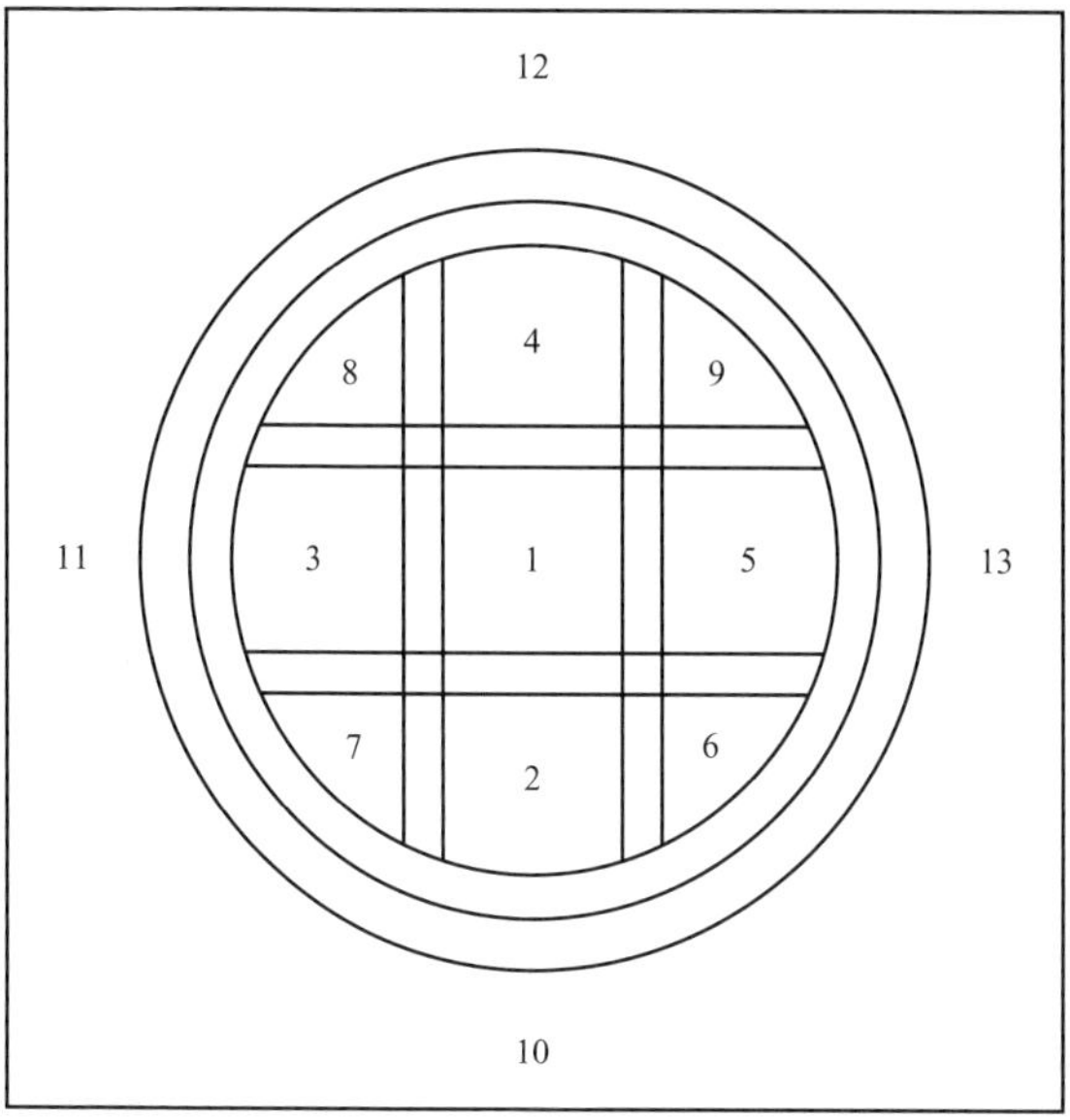

1 ジュニャーナダーキニー
2 ヴァジュラダーキニー
3 ゴーラダーキニー
4 ヴェーターリー
5 チャンダーリー
6 シンヒニー
7 ヴィヤーグリー
8 ジャンブキー
9 ウルーキー
10 ラージェーンドリー
11 ディーピニー
12 チューシニー
13 カンボージー

8 金剛薩埵マンダラ（『サンプタ・タントラ』所説）

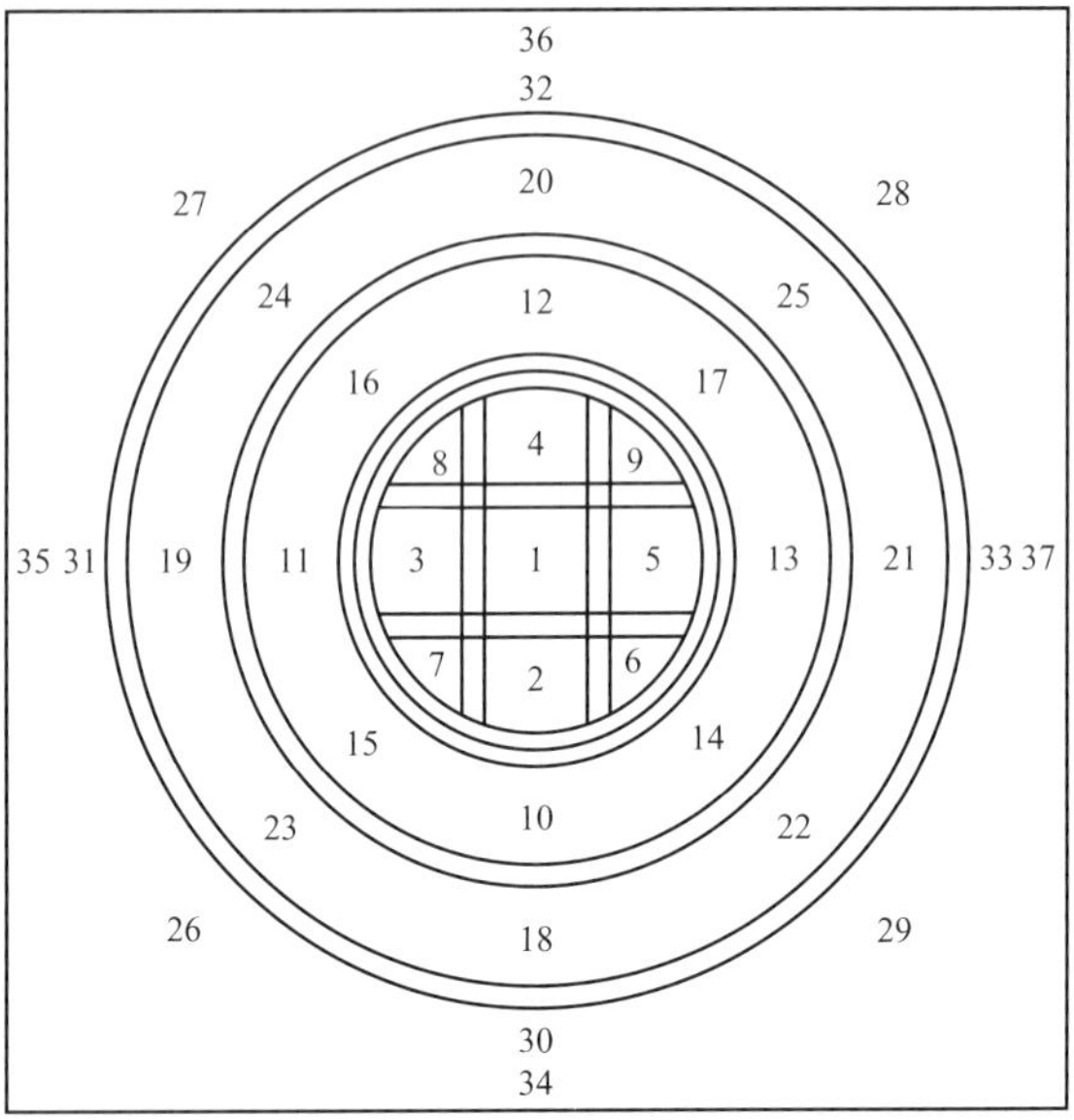

1 金剛薩埵
2 シャーシュヴァタ
3 宝主
4 阿弥陀
5 不空成就
6 ローチャナー
7 マーマキー
8 パーンダラー
9 ターラー
10 ラウドリー
11 ヴァジュラビンブヤー
12 ラーガヴァジュラー
13 ヴァジュラサウムヤー
14 ヴァジュラヤクシー
15 ヴァジュラダーキニー
16 声金剛女
17 地金剛女
18 嬉女
19 鬘女
20 歌女
21 舞女
22 ヴァムシャー
23 ヴィーナー
24 ムクンダー
25 ムラジャー
26 華女
27 香女
28 灯女
29 塗香女
30 アーダルシャー
31 ラサー
32 スパルシャー
33 ダルマー
34 金剛鉤女
35 金剛索女
36 金剛鎖女
37 金剛鈴女

9 カーラチャクラ・マンダラ（意密マンダラ）

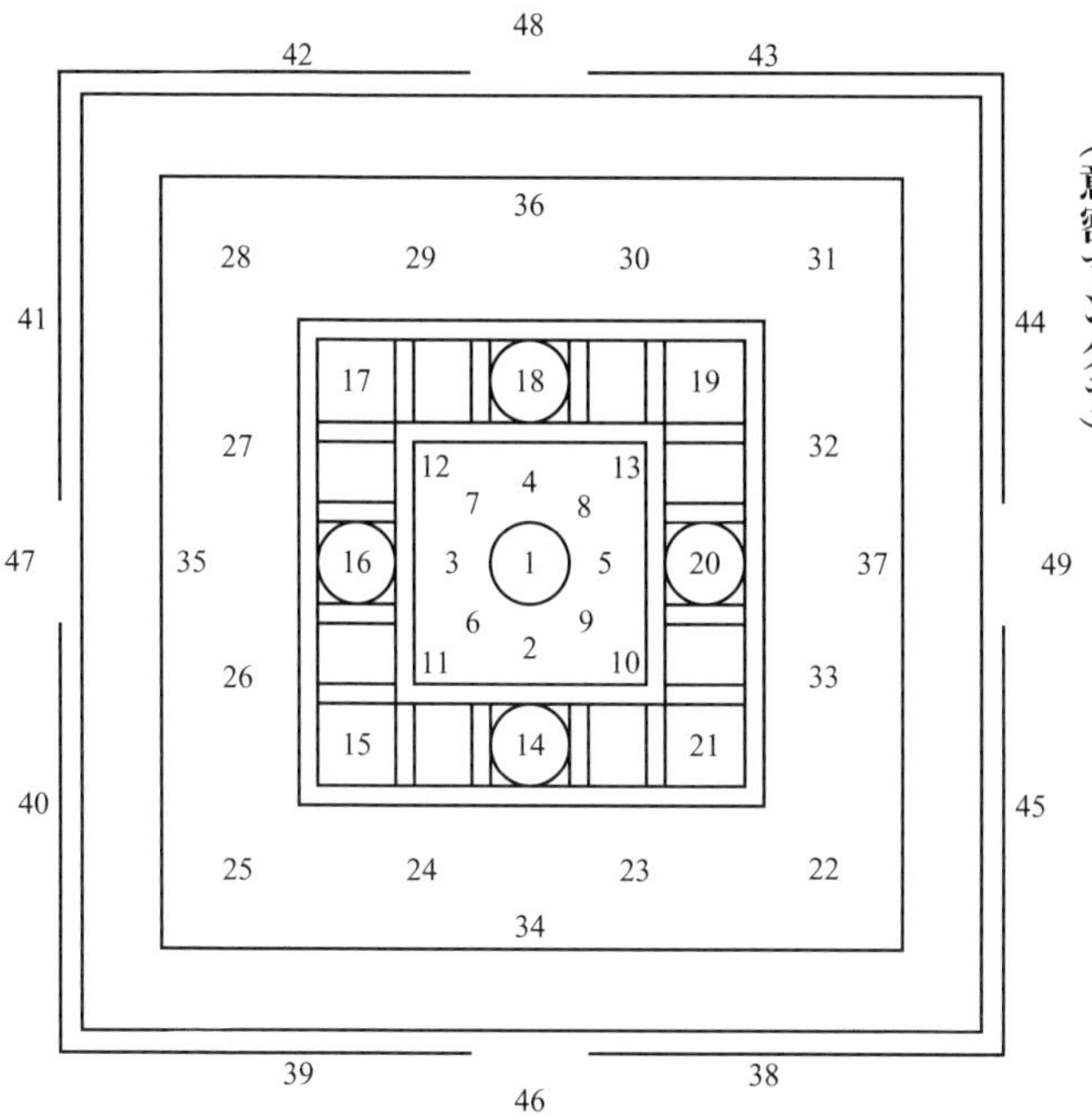

1 カーラチャクラ
2 クリシュナディープター
3 ラクタディープター
4 ピータディープター
5 シュヴェータディープター
6 ドゥーマー
7 マリーチー
8 プラティパー
9 カドヨーター
10 法螺貝
11 如意宝
12 ダルマガンディー
13 如意樹
14 不空成就
15 ターラー
16 宝生
17 パーンダラー
18 大日
19 ローチャナー
20 阿弥陀
21 マーマキー
22 色金剛女
23 普賢
24 虚空蔵
25 触金剛女
26 金剛手
27 地蔵
28 味金剛女
29 法界金剛女
30 一切除蓋障
31 香金剛女
32 声金剛女
33 世自在
34 アティバラクローダ
35 ジャンバカ
36 スタンバカ
37 マーナカ
38 塗香女
39 鬘女
40 香女
41 灯女
42 嬉女
43 笑女
44 甘露女
45 ハラークシャター
46 舞女
47 カーマー
48 ヴァードヤー
49 歌女

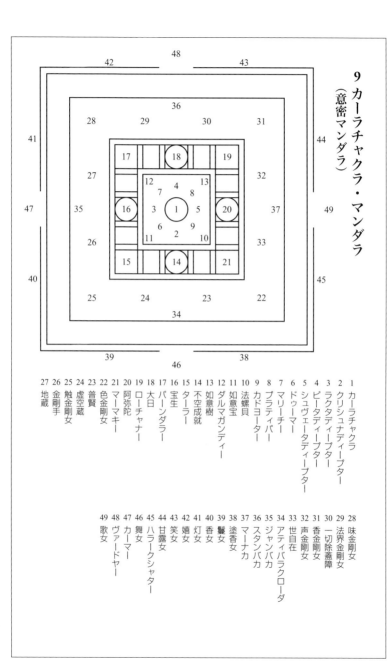

10 カーラチャクラ・マンダラ（口密マンダラ・身密マンダラ）

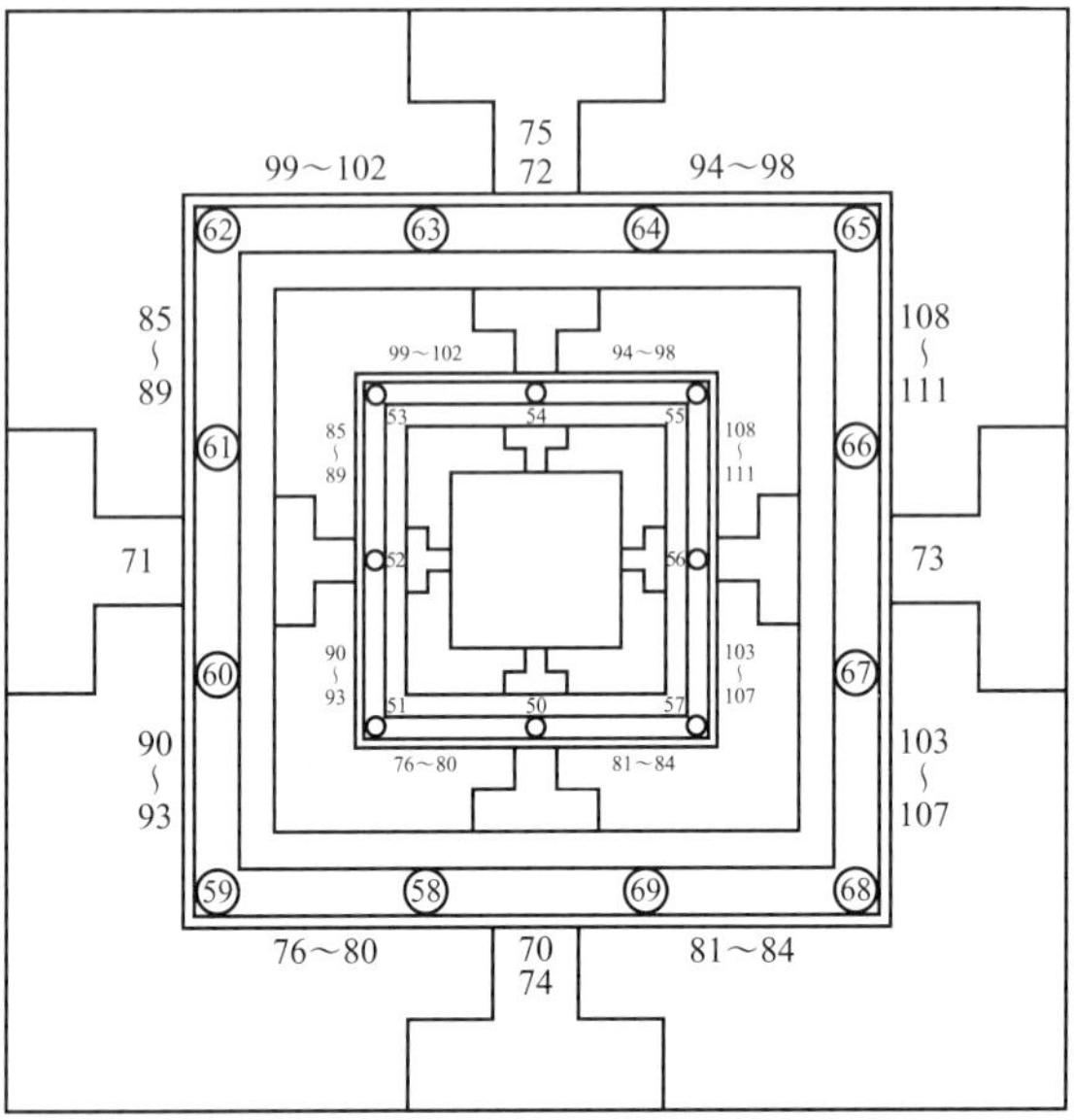

※意密マンダラの内部など、一部省略。50〜57は数字に隣接する小円が正しい位置。

50 チャルチカー
50 ビーマー
50 ウグラー
50 カーラダンシュトラー
50 ジュヴァラムカー
50 ヴァーユヴェーガー
50 プラチャンダー
50 ラウドラークシー
50 ストゥーラナーサー
51 ヴァイシュナヴィー
51 シュリー
51 マーヤー
51 キールティ
51 ラクシュミー
51 ヴィジャヤー
51 シュリージャヤンティー
51 シュリーチャクリー
52 ヴァーラーヒー
52 カンカーリー
52 カーララートリー
52 プラクピタヴァダナー
52 カーラジフヴァー
52 カラーリー
52 カーリー
52 ゴーラー
52 ヴィルーパー
53 カウマーリー
53 パドマー
53 アナンガー
53 クマーリー
53 ムリガパティガマナー
53 ラトナマーラー
53 スネートラー
53 リーナー
53 スバドラー
54 アインドリー
54 ヴァジュラーバー
54 ヴァジュラガートラー
54 カナカーヴァティー
54 ウールヴァシー
54 チトラレーカー
54 ランバー
54 ハルヤー
54 スターラー
55 ブラフマーニー
55 サーヴィトリー
55 パドマネートリー
55 ジャラダヴァテイー
55 ブッディ
55 ヴァーギーシュヴァリー
55 ガーヤトリー
55 ヴィドゥユット
55 スムリティ
56 ラウドリー

主要著書ならびに翻訳書目録

全般に関係する書

B・バッタチャリヤ著、神代峻通訳『インド密教学序説』密教文化研究所、一九六二年
S・B・ダスグプタ著、宮坂宥勝・桑村正純訳『タントラ仏教入門』人文書院、一九八一年
松長有慶他編『梵語仏典の研究 IV 密教経典篇』平楽寺書店、一九八九年
松長有慶『密教の歴史』（サーラ叢書19）平楽寺書店、一九六九年
松長有慶『密教経典成立史論』法蔵館、一九八〇年
頼富本宏『密教仏の研究』法蔵館、一九九〇年
津田真一『反密教学』リブロポート、一九八七年
松長有慶編『インド密教の形成と展開』法蔵館、一九九八年
田中公明『性と死の密教』春秋社、一九九七年
杉木恒彦『サンヴァラ系密教の諸相──行者・聖地・身体・時間・死生』東信堂、二〇〇七年
立川武蔵・頼富本宏編『インド密教』〈シリーズ密教1〉春秋社、一九九九年
高橋尚夫、木村秀明、野口圭也、大塚伸夫編『初期密教 思想・信仰・文化』春秋社、二〇一三年
高橋尚夫、野口圭也、大塚伸夫編『空海とインド中期密教』春秋社、二〇一六年

密教儀礼に関係する書

桜井宗信『インド密教儀礼研究』法蔵館、一九九六年
森　雅秀『マンダラの密教儀礼』春秋社、一九九七年

マンダラに関係する書

G・トゥッチ著、R・ギーブル訳『マンダラの理論と実践』平河出版社、一九八四年
M・ブラウエン著、森雅秀訳『図説曼荼羅大全 チベット仏教の神秘』東洋書林、二〇〇二年
立川武蔵『曼荼羅の神々』ありな書房、一九八七年
田中公明『曼荼羅イコノロジー』平河出版社、一九八七年
田中公明『インド・チベット曼荼羅の研究』法蔵館、一九九六年
田中公明『インドにおける曼荼羅の成立と発展』春秋社、二〇一〇年
B. Bhattacharyya : *The Indian Buddhist Iconography*. 2nd. ed., Calcutta, 1968.
ソナム・ギャンツォ、立川武蔵編　*The Ngor Mandalas of Tibet*, Plates 1989, *Listings of the Mandala Deities*, 1991 Tokyo.
立川武蔵、正木晃編『チベット仏教図像研究――ペンコルチューデ仏塔』（国立民族学博物館研究報告別冊18号）一九九七年

◇図版提供者・出典（敬称略）◇

【カラー口絵】
1　ダーキニー　北村太道
2　ヘーヴァジュラ　国立民族学博物館
3　ヘーヴァジュラ九尊マンダラ
玉重良知
4　チャクラサンヴァラ（タンカ）
北村太道
5　チャクラサンヴァラ像（ブロンズ）
北村太道
6　ブッダカパーラ　松本栄一
7　マハーマーヤー　松本栄一
8　金剛薩埵マンダラ　松本栄一
9　カーラチャクラ　田中公明
10　カーラチャクラの砂マンダラ
加藤千晶

【モノクロ図版】
中扉裏
持金剛父母仏　北村太道

1章
1　六族マンダラの配置　田中公明
2　ジャワ島スロチョロ出土の青銅像
松長恵史
3　ダーキニー　『西蔵丹卡』
2章
1　ヘールカ像　森　雅秀
2　ヘーヴァジュラ　森　雅秀
3　ヘーヴァジュラ像　森　雅秀
4　クルクッラー像　北村太道
5　ヘーヴァジュラ　田中公明
3章
1　チャクラサンヴァラ・マンダラ
G.Tucci, *Tibetan Painted Scrolls,* Libreria dello Stato, 1949
3　チャクラサンヴァラ像　森　雅秀
4　人体チャクラ図　北村太道
7　チャクラサンヴァラ像　北村太道
8章
1　「カーラチャクラの大灌頂」のダライ・ラマ14世　加藤千晶
4　カーラチャクラ　加藤　敬
5　シャンバラ図　田中公明

❖執筆者紹介❖

松長有慶（まつなが ゆうけい）
1929年、和歌山県生まれ。東北大学大学院博士課程修了。文学博士。高野山大学教授、同大学学長、同大学密教文化研究所所長等を経て、現在、高野山大学名誉教授。専門は密教学。主著に『松長有慶著作集』〈全5巻〉（法蔵館）、『密教の歴史』（平楽寺書店）、『密教』『高野山』（岩波新書）、『訳注　秘蔵宝鑰』（春秋社）等がある。

野口圭也（のぐち けいや）
1954年、東京都生まれ。京都大学大学院博士課程修了。現在、大正大学名誉教授。専門は密教思想。共著に『初期密教』『空海とインド中期密教』（共に春秋社）等がある。

田中公明（たなか きみあき）
1955年、福岡県生まれ。東京大学大学院博士課程修了。博士（文学）。現在、中村元東方研究所専任研究員。東洋大学大学院講師。専門は密教学・チベット学。主著に『インドにおける曼荼羅の成立と発展』『図説　チベット仏教』『両界曼荼羅の源流』（ともに春秋社）等がある。

奥山直司（おくやま なおじ）
1956年、山形県生まれ。東北大学大学院博士課程修了。文学修士。現在、高野山大学教授。専門は仏教文化史。主著に『評伝 河口慧海』（中央公論新社）、『釈尊絵伝』（学習研究社）、編著に『河口慧海日記　ヒマラヤ・チベットの旅』（講談社）等がある。

森　雅秀（もり まさひで）
1962年、滋賀県生まれ。ロンドン大学大学院修了（Ph.D.）。高野山大学助教授等を経て、現在、金沢大学教授。専門は比較文化学、仏教文化史。主著に『チベット密教仏図典』（春秋社）等がある。

杉木恒彦（すぎき つねひこ）
1969年、栃木県生まれ。東京大学大学院博士課程修了。博士（文学）。現在、広島大学准教授。専門はインド・ネパール密教の諸相、南アジア仏教倫理思想、宗教学。主著に『八十四人の密教行者』（春秋社）等がある。

川﨑一洋（かわさき かずひろ）
1974年、岡山県生まれ。高野山大学大学院博士課程修了。博士（密教学）。現在、高野山大学特任准教授。専門は密教学、密教史、密教図像学。主著に『弘法大師空海と出会う』（岩波新書）等がある。

インド後期密教〔下〕 般若・母タントラ系の密教

2006年 1 月 25 日　初　版第 1 刷発行
2021年 1 月 25 日　新装版第 1 刷発行

編 著 者　松長有慶
発 行 者　神田　明
発 行 所　株式会社 春秋社
〒101-0021　東京都千代田区外神田2-18-6
電話　03-3255-9611（営業）
　　　03-3255-9614（編集）
振替　00180-6-24861
https://www.shunjusha.co.jp/
装 幀 者　鈴木伸弘
印刷・製本　萩原印刷株式会社

ISBN978-4-393-11277-9　　定価はカバー等に表示してあります

松長有慶 編著

インド後期密教〔上〕 方便・父タントラ系の密教